汪篯 著

创盛世的明君

唐太宗传

应急管理出版社
·北京·

图书在版编目（CIP）数据

开创盛世的明君：唐太宗传/汪篯著． - -北京：应急管理出版社，2020（2022.1重印）

ISBN 978 - 7 - 5020 - 7944 - 4

Ⅰ.①开… Ⅱ.①汪… Ⅲ.①李世民（599 - 649）—传记 Ⅳ.①K827 = 421

中国版本图书馆 CIP 数据核字（2020）第 019092 号

开创盛世的明君　唐太宗传

著　　者	汪　篯
责任编辑	高红勤
封面设计	朝圣设计·大圣
出版发行	应急管理出版社（北京市朝阳区芍药居 35 号　100029）
电　　话	010 - 84657898（总编室）　010 - 84657880（读者服务部）
网　　址	www.cciph.com.cn
印　　刷	三河市嵩川印刷有限公司
经　　销	全国新华书店
开　　本	710mm×1000mm $^1/_{16}$　印张　$13^1/_2$　字数　185 千字
版　　次	2020 年 9 月第 1 版　2022 年 1 月第 2 次印刷
社内编号	20193250　　　　　　　　　定价　49.80 元

版权所有　违者必究

本书如有缺页、倒页、脱页等质量问题，本社负责调换，电话：010 - 84657880

目 录

上 篇　唐太宗传

一　唐太宗所处的时代 –002

二　晋阳起兵 –009

三　唐太宗的战略战术 –014

四　玄武门事变 –026

五　唐太宗的用人政策 –030

六　"贞观之治" –034

七　边疆问题和民族政策 –040

八　唐太宗中晚年的政治 –047

下　篇　唐王朝的崛起与兴盛

　　关于隋末农民大起义的发源地问题 –058

　　李渊晋阳起兵密谋史事考释 –067

　　唐室之克定关中 –093

　　唐初之骑兵 –114

　　唐太宗"贞观之治"与隋末农民战争的关系 –157

　　唐太宗之拔擢山东微族与各集团人士之并进 –174

　　唐太宗树立新门阀的意图 –194

上篇

唐太宗传

一　唐太宗所处的时代

　　评价一个历史人物，主要是看他在历史上起了怎样的作用，是推进社会的发展，还是阻碍社会的发展。因此，要想了解唐太宗，就必须首先了解他的时代背景，他所处的时代的社会物质条件。

　　中国的封建社会可以分为两个大的时期，从战国到南北朝是前期，从隋唐到鸦片战争以前是后期。在前期，大族豪强地主大土地所有制和部曲佃客制占据优势地位；在后期，普通地主大土地所有制和佃户制占据优势地位。唐太宗处在普通地主大土地所有制和佃户制形成和走向成熟的阶段。

　　中国的封建社会始于何时，这是史学界长期以来争论未决的问题。个人认为，中国的封建社会应从战国开始，而不是从西周开始。在西周，农业的生产工具还很落后，是用木和石制成的；施肥的知识也很有限，主要是利用腐烂了的田间杂草和草木灰做肥料。烂草和草灰的肥效不高，不能保持地力，因此，一块田地种上三年五载就不能再种下去了，就要换一块耕地。等到撂下来的荒地长上小树以后，人们才能重新加以利用，因为木灰肥效要比草灰肥效高一些。这种耕作制度叫作熟撂荒制。那时，每换一次耕地，人们就得大力芟一次草，除一次木。使用木石工具来挖树根，这是很困难的，个体生产简直无法进行，必须依靠简单协作。所以，在西周，耦耕是习见的耕作方式。我们知道，生产过程的个体性质，这是封建社会最基本的特征。在个体生产情况下，封建经济所必需的，是"直接生产者必须分有一般生产资料特别是土地，同时他必须束缚在土地上，否则就不能保证地主获得劳动力"。在个体生产情况下，封建经济制度的条件是"农民对地主的人身依附""如果地主没有直接支配农民个人的权力，他就不可能强迫那些得到份地而自行经营的人来为他们做工。所以……必须实行'超经济的强制'。"[1] 由此可见，像直接生产者与土地相结合，超经济强制这样一些封建制度的主要特征，也都是由生产过程的个体性质所规定的。西周既然还不具备个体生产的条件，当然也就不可能进入封建社会。关于西周的生产关系等问题，甚为复杂，这里不能多谈。

到了春秋战国时代，铁制的农具出现了。最早的铁铧犁，是在木底上套上Ｖ字形的铁口，叫作铁口犁。当时还出现了铁口锄、铁口锸、铁镰刀等。这样，进行个体生产就有了可能，奴隶制下共耕共耘的劳动形式也跟着破坏了。随着生产力性质的改变，阶级斗争激化起来，一系列的奴隶起义和奴隶暴动撼动了奴隶主的统治，促使列国建立起封建的政权。

铁口犁不能深耕，只能在地上划一道沟，效率也不高。到了汉代，它逐渐为全铁犁铧所代替。根据考古发现，那时的全铁犁铧有大小两种

---

[1]《俄国资本主义的发展》，《列宁全集》第三卷，第158、161页。

形制。小的只有十厘米宽，重量还不到二市斤；大的则长宽均达四十厘米左右，重量达到十四五市斤，最重的更在十八市斤以上。这两种大小悬殊的铁铧犁的使用，除因地区而异之外，恐怕与农户大小也有关系。很可能，贫下的小农户一般使用单牛或由人力挽引的小犁，而地主和富裕农户则多用大犁。笨重的大犁不能由单牛曳引，而是由双牛合犋架长辕来曳引的。汉武帝时赵过改进的耦犁，可能就是大犁的一种。据《汉书·食货志》记："率十二夫为田一井一屋，故亩五顷，用耦犁二牛三人。"古制，九夫之田为一井，三夫之田为一屋；一夫为田百亩，即一顷，十二夫共耕田十二顷。古以百步为亩，汉以二百四十步为亩，古之十二顷，当汉制五顷。用耦犁，二牛三人，其效率相当于古之十二夫，这是生产力的很大提高，但是耦犁需用二牛三人，一般贫下农户无力单独利用它，因此这种较为先进的农具就必然要对小农户发生一定的破坏作用。

古代，在中国北方，只有贵族有姓，一般奴隶是没有姓的。个体生产发展后，产生了一个个的小农户，他们的家庭都需要一个标志，他们往往就以居地为姓。过去处于同一共同体的农户，往往采用同一个姓。这样，就形成了宗族聚居的现象（在南方的一些地区，宗族聚居是由原始公社瓦解而形成的）。宗族中一些有势力的人成为族长。族长掌握很多的耕牛农具，一方面在自己的土地上使用大犁，一方面又利用族长的地位和掌握的农具来组织农民生产，并通过这种活动逐渐把本宗族的人和他们的土地控制起来，这样就扩大了自己的势力。东汉晚年崔寔所著《四民月令》一书详细记载了洛阳附近大族豪强地主管理田庄和组织、指挥生产的情况。其中"合耦田器"一语很值得注意，它透露了大族豪强地主利用大农具来支配耕作这一道农作程序的实况。汉代以来大族豪强地主大土地所有制大体具有如下几个特点。第一，豪强地主经营大片土地，在田庄中进行多种经营，不仅种植谷物、蔬菜、果木和经济作物，而且还有织布、酿酒、制造调味品以至药物等手工业。在他们的田庄里，还有修缮武器和农具的手工业。第二，由于豪族地主管理、监督生产，而农民在耕牛、农具上又对他们有一定程度的依赖，因此，形成了人身依附关系较强的部曲佃客制。第三，因为豪族地主组织生产，进行多种经营，因此，他们的土地所有权也是比较牢固的。

在豪族大土地所有制的基础上，形成了与之相适应的上层建筑。因为豪族地主的土地所有权是比较牢固的，他们在地方上有很大势力，所以，各地的豪族地主就控制了地方。汉代郡县长官虽由中央任免，但郡县佐官则由郡县长官辟用，例由本地人充当。封建国家要依靠有势力的地主作为全部封建统治的基础，郡县的实际权力逐渐被他们掌握了。西汉末年，出现了不少世为郡县吏的著姓。到东汉时期，就出现了一些世代公卿和世吏二千石的名门。到魏晋时期，更形成了士族门阀垄断高官的九品中正制。

代替豪族大土地所有制和部曲佃客制的，是普通地主大土地所有制和佃户制。这种封建社会内部生产关系的变化，是社会生产力发展的结果。由于生产经验的积累和冶铁技术的进步，过去的小铁犁铧逐渐发展成为重约三市斤并具有犁壁的铁犁。这种犁的犁辕不论曲直，较前都减短很多，没有"回转相妨"的缺点，因而提高了耕作的速度。这种犁经过改进，比较省力，是用单牛曳引的。这种犁的生产效率比大犁铧更高，它提高了精耕细作的水平，加强了农民在生产上的独立性。农民在生产过程中，已不需要地主用"合耦田器"等办法来加以干预和监督,而大族豪强地主对农民严紧的人身奴役,也就成了生产发展的巨大障碍。经过长期的一系列的阶级斗争,地主对于田庄的经营管理,农民对地主阶级的人身依附关系,都比较松弛了。这是普通地主经济区别于大族豪强地主的一个主要特点。

在地主不必对农业生产进行很多干预和严格监督的条件下,城市的繁华对他们产生了强烈的吸引力量。许多官僚和富有的地主子弟,在城市中以声色狗马相征逐,肆情挥霍,肆意浪游,到用费不够时,就要出卖田产。与此同时,政治制度也有很大变化,普通地主不能再像前代门阀大族那样,世世代代地垄断政权;要想取得高官厚禄,还必须参加科举和吏部考试。因此,"朝士广占良田,及身殁后,皆为无赖子弟作酒色之资""达官身亡以后,子孙既失覆荫,多至贫寒"。[1] 一般地主子弟为了进京参加考试,"货鬻田产,竭家赢粮",往往"未及数举,索然以空",成为当时人极为注意的现象。[2] 地主的起落不常,土地所有权转移的加速,以及由此产生的佃户与普通地主关系的非世袭的性质,是普通地主区别于豪族地主经济的另一个主要之点。

从大族豪强地主土地所有制走向崩溃到普通地主土地所有制发展成熟,中间有一个过渡的阶段,这就是北朝到隋唐实行均田制的时期。

从北魏中年到隋末唐初的一百三十多年中,尽管大族豪强地主的经济、政治力量曾经有过起伏,但社会发展的总的趋势是均田农民在总人口中所占分量逐渐增长。这是因为大族豪强地主经济衰落和崩溃的速度,

---

[1] 《旧唐书》卷九九《张嘉贞传》,卷九六《姚崇传》。

[2] 《通典》卷十八《选举六·杂议论下》,卷一七《选举五·杂议论中》。

要超过普通地主经济成长和发展的速度。大族豪强地主经济已经由衰落走向崩溃，而普通地主则不论在政治上或是在经济上，都还没有强大到能够进行大规模的土地兼并，以控制大部分土地和农民的程度。所以，这是均田制发展时期。这一时期先后颁布的几个田令，对大族豪强地主占田数额的限制越来越严。从根本上来说，它们是有利于普通地主经济的成长和发展的，但其突出的作用是在于破坏大族豪强地主经济，加强封建国家对土地和农民的控制。隋文帝推行高颖创立的输籍之法，使大量为大族豪强地主所控制的"浮客"转化为封建国家的编民，把均田农民在总人口中所占的分量，推到一个高峰。

在唐前期的一百三十多年当中，总的趋势是均田农民中的自耕农民在总人户中所占的分量逐渐缩小。这是因为大族豪强地主经济已经基本上崩溃，自耕农民的经济地位很不稳定，而普通地主的经济势力则在迅速上升。所以，这是均田制走向崩溃的时期。唐的均田令允许一般地主进行小规模的土地兼并，唐政府还用赐田和大量给勋赏功的办法来扶持新兴地主。唐的均田令和唐政府的措施所起的作用，主要是为普通地主成熟奠定基础。

唐太宗所处的时代，就是门阀地主已经崩溃，均田农民在总人户中分量最高，普通地主逐渐趋于成熟的时期。

研究唐太宗所处的时代，还需要注意一点，那就是，他处于大规模农民战争之后，这个大规模的农民战争推翻了一个既富且强的隋朝，并把均田农民的数量推向最高峰。了解这一点对评价唐太宗十分重要，下面还要分析。

唐初，门阀地主虽然已经崩溃，但是，作为意识形态的门阀观念，在社会上还有着广泛的影响，阻碍着社会的发展。唐太宗出身于关陇军事贵族高门，有着浓厚的门阀观念。对于时代和家庭给予唐太宗的这种局限，在评价唐太宗时，也是需要注意的。

二　晋阳起兵

晋阳起兵的密谋是创建唐朝的开端。因此，要想全面地分析唐太宗，就必须从晋阳起兵谈起。

唐太宗的皇位不是由合法继承得来，而是通过杀兄逼父取得的。这种行动不合乎封建法统和封建伦理，在封建统治者看来，也就不能贻示子孙，垂为法诫，因此，唐太宗在夺得皇位以后，就着手修改国史，来为自己辩护。贞观史臣在撰写《高祖实录》和《太宗实录》时，大事铺陈太宗在武德时的功劳，竭力抹杀太子建成在创建唐朝过程中做出的成绩，并且大大贬低高祖的作用，就是为了这个原因。但是这样仍然不足说明太宗继承皇位的合法性，于是他们又把修改国史的着眼点放在晋阳起兵的密谋上面。他们歪曲地把晋阳起兵的密谋描绘成为太宗的精心策划，而高祖则完全处于被动的地位，其目的在于把太宗说成李唐王业的真正的奠基人，使他的皇位获得近似汉高祖自为皇帝而尊其父为太上皇那样的合法性。

晋阳起兵是叛隋的活动，是在极端隐蔽的情况下策划的，其真相本不易知，及经贞观史臣篡改国史以后，就更加难于探寻它的究竟。所幸的是留下的史料还不算少，我们还可以设法去伪存真，从中看出基本情况。现在就把有关的史实依照时间前后编列并加以分析如下。在这里应该申明一点，下面所列的史实年代，有的和旧史的记载不尽相同，这是经过个人考订推定的，因为时间关系，就不多谈了。

隋炀帝发动的大规模进攻高丽的不义战争是极其不得人心的。早在加紧进攻高丽准备工作的大业七年（611），在山东地区就已经爆发了农民起义。此后两年中，他两度大举进攻高丽，都遭到了惨败，人民的反抗斗争愈加强烈。在这种形势之下，统治阶级的内部也有了分化。大业九年贵族杨玄感的反隋起兵就是一个重要的标志。约略与此同时，李渊也看到隋的统治不稳，开始动了反隋的念头。杨玄感起兵以前，他以卫尉少卿在怀远镇（今辽宁朝阳附近）督运，当路过涿郡（今北京）时，就曾与宇文士及夜中密论过天下大事；杨玄感起兵以后，他受命代替杨玄感亲戚元弘嗣为弘化郡（郡治在今甘肃庆阳）留守，握有关右十三郡之兵，他的妻兄窦抗也劝他利用这种地位起兵反隋，他只以"无为祸始"为解，却没有加以揭发。[1]

杨玄感起兵以后，农民起义扩大到了全国范围。那时，负责镇压农民起义的将领尽管在某些战役中能够获致胜利，但完全阻止不了起义力量的蓬勃发展。为此，隋炀帝在大业九年和十年连续处斩了宿将鱼俱罗和董纯，名将吐万绪也以得罪忧愤而死。到大业十一年（615）春，隋炀帝又以疑忌右骁卫大将军李浑门族强盛之故，杀了他的一门三十余人。隋炀帝的这些做法又进一步加深了统治阶级内部的矛盾。李浑被杀后不

---

[1] 《旧唐书》卷六一《窦威传附窦抗传》。

久，李渊受命为山西、河东抚慰大使，负责镇压河东一带的起义军。这期间，副使夏侯端曾指出他处境的危险，劝他早做反隋准备。李渊的处境和鱼俱罗、吐万绪、董纯等完全相同，他又是西魏八大柱国之一李虎的孙子，门望之高，正不下于李浑，所以夏侯端以此来打动他，他"深然其言"。[1]这就说明他的反隋之念比以前又进了一步。大业十二年（616），隋炀帝提升他做太原留守，地位高了，受到的猜忌就会更大，李渊对此是顾虑重重的。

李渊虽然早已蓄有叛隋之心，但直至大业十二年底，始终迁延不发，未尝有所举动，这和国内形势的发展有着密切的关系。李渊是个富有政治经验的老官僚，是个老谋深算的宿将，他看到，隋炀帝对起义军的力量起初估计不足，并没有竭尽全力去镇压，而对于贵族官僚的举兵，则极为害怕。河东和太原都是隋的军事重镇，靠近东都洛阳和西京长安。如果从那里发动地方性政变，势必要引起隋炀帝的极大震动，把隋的大军吸引过来，在时机还不成熟的情况下，免不了要步杨玄感起兵失败的后尘。因此，他要静待时机。大业十一年，农民起义军虽然有了很大的发展，但还没有取得决定性的胜利。这一年，隋炀帝曾被突厥围困在雁门，从太原或河东起兵倒是有利的时机，但这样做无异于做突厥的内应，将得不到人们的支持，他不敢冒这个大不韪。到大业十二年，隋炀帝对农民起义军的力量有了一些认识，全面调整了镇压农民起义的军事部署。他看到河北、山东一带的起义军不断南流，在江淮之间发展成为巨大的力量，就自己带领一支中央禁军到江都镇压。他又把大批进攻高丽的部队调回，

---

[1]《旧唐书》卷一八七上《夏侯端传》。

派杨义臣等带领，来镇压山东、河北一带的起义军。由于这个新的军事部署，当时分散的农民起义军曾经一度受到挫折，几支历时最长的起义军都被隋军打败了。当时，在全国，特别是在东方，隋军的力量还相当强大。因此，在大业十二年年底以前，李渊还不敢有所作为。

大业十二年冬季，国内形势发生了重大的变化。各地农民起义军经过百折不挠的战斗，逐渐由分散趋向联合。由李密、翟让领导的瓦岗军攻破隋的金堤关，打下荥阳郡诸属县，并一举击溃宿将张须陀带领的劲旅，使隋的东都洛阳受到了威胁。这样，就扭转了局势，使农民起义军转到占据优势的地位。各地的地主、富豪看到隋室已不可为，都起而割地自雄，想夺取农民起义的胜利果实。许世绪、武士彟、唐俭、唐宪等晋阳一带的地主、豪商，也抱着同样的目的，纷纷鼓动李渊抓紧时机，尽速举兵。正在这时，李渊的军队在马邑被突厥打败，隋炀帝派使者囚捕他和马邑（山西朔县）太守王仁恭送到江都治罪。眼看着鱼俱罗、董纯的遭遇就要落到他头上了，于是他下定了叛隋的决心。很可能，由于东都形势的紧张，隋炀帝临时改变了他那果于诛戮宿将的做法，随即他又派使者赦免了李渊和王仁恭的罪责，并让他们各复旧任。李渊一被释放，立刻就开始了叛隋的实际行动。

李渊从太原起兵的最大障碍是太原副留守王威和高君雅。这二人是隋炀帝的亲信，可能是隋炀帝特地派来监视李渊的。他们在太原也有一定的势力。要想从太原举兵，就得首先排除这重障碍。李渊曾经让李世民在晋阳密招豪友，但是仅仅依靠这个办法是不够的，因为这种秘密行动，规模做大了就容易被发觉，做小了又不能完成控制晋阳这座大城的任务。于是大业十三年（617）初，他又使晋阳令刘文静诈为教书，谎称隋炀帝发太原、西河、雁门、马邑诸郡民年二十以上、五十以下悉为兵,定于年终在涿郡集中去打高丽。为了避免计谋被王威、高君雅发觉,这种煽惑大致是在边郡进行的。果然,到了二月,马邑就发生了刘武周杀掉太守王仁恭的事变。刘武周勾结突厥,向南打破楼烦郡(山西静乐),并进取汾阳宫。李渊以防御刘武周南下为借口,提出自行募兵的主张。王威、高君雅看到形势危急,不敢不同意。于是李渊命令李世民和他的其他党羽在晋阳募兵。这支新募的兵完全掌握在他的党羽手里,他利用这支兵控制住晋阳,杀掉了王威和高君雅。[1]这样,他就完成了从晋阳起兵的行动。

从以上的分析,可知唐高祖早就有了叛隋之心,旧史所说唐太宗李世民暗中在晋阳部署宾客,准备起兵,而高祖不知其事,等到李世民以计划告知李渊,李渊大为惊骇,甚至要执李世民送官治罪,是不足据信的,至于旧史所记李渊对太宗说:"吾一夕思汝言,亦大有理。今日破家亡躯亦由汝,化家为国亦由汝"[2]也是虚构出来的。这正是史臣辩护太宗合法取得皇位的画龙点睛之笔。当然,年轻的李世民见事敏速,行动大胆,他可能劝过李渊早日举兵,也可能纠正过李渊行动过于迟疑、稽缓的弱点。在李渊的授意下,他在组织起兵方面,也起了不小作用。这些我们也是应该承认的。

---

[1] 温大雅:《创业起居注》。

[2] 《资治通鉴》卷一八三义宁元年。以下引文凡引自《资治通鉴》者,均不再注明出处。

三　唐太宗的战略战术

晋阳起兵以后，李世民正式开始了他的征战生涯。李渊从晋阳起兵南下，他就与长兄李建成分领左右军。此后，在唐的统一全国过程中，几乎在黄河流域进行的具有决定性意义的战争，都是他负责指挥的。他的军事活动，取得了一系列的重大的胜利。

李世民第一次指挥的大战是对陇右的薛举、薛仁杲父子的战争。

还在李渊从晋阳起兵以前，大业十三年（617），金城郡（治所在今甘肃兰州）的富豪薛举就已据郡城起兵。此后不久，他又占领了陇西（治所在今甘肃陇西县西南）、西平（治所在今青海乐都）、天水（治所在今甘肃天水）诸郡，称秦帝，都上邽（今天水）。约在李渊攻克长安以后的一个月左右，薛举子仁杲领兵进围扶风郡城（今陕西凤翔），被李世民击退。第二年（武德元年，公元618年）六月，薛举又来争夺泾州（隋安定郡，治所在今甘肃泾川），李渊派李世民带兵迎战。

战争的双方具有如下特点。

秦军方面：第一，薛氏父子占领的陇右地区是隋的牧监所在，又是隋防御突厥和吐谷浑的要地，所以，民习战备，人务骑射。在他们的军中，多有精骑骁将。这就决定了秦方军锋锐盛的特点。然而第二，陇右一带，民户寡少，生产不算发达。秦军的后方天水、陇西、金城等郡，在隋大业盛时，合计起来，也不过七万多户。至于秦军占领的平凉（治所在今宁夏固原）、安定等郡，虽然户口稍多，但因为处在前线，还没有成为薛氏父子牢固掌握的地区。所以，秦的人力、物力、财力都是不足的，不能持久作战。由于控制的民户很少，薛氏父子几乎没有第二线的兵力。

唐这时拥有关中、巴蜀和山西的广大地区，又掌握着储备十分丰盛的长安府库和永丰粮仓（在渭水入黄河处）。赤岸泽（在今陕西大荔县西南）牧监也供给了唐军不少战马。同时，关中、河东一带又是隋代府兵集中的地方。所以，唐的军力、人力、物力、财力都远远超过秦军。更重要的是，李渊不仅得到关中地主阶级的支持，而且因为他进入长安以后，立即宣布废除隋的苛禁，所以在他的统治区里，阶级矛盾也初步缓和了。从而，唐的后方也是比较巩固的。

唐、秦两军的第一次大会战发生在武德元年七月，地点在高墌（今陕西长武北）。唐军的指挥者没有能利用秦军的弱点，却急于求战，又恃众轻敌，防备不严。结果薛举引军掩袭唐军阵后，在浅水原大败唐军。唐军的士兵损失了十之六七，大将被俘的也有数人，李世民带军退回长安休整。

据旧史记载，这次战役是因为李世民得疟疾，把军务委付给行军长史刘文静和司马殷开山，他们不奉李世民坚壁不战的教令，因而致败。也有可能，这是贞观史臣为了掩饰太宗的过失，而把罪责归之于当时已死的刘、殷二人。但不管怎样，轻躁致败，总给了年轻的李世民以极大教训。此后，他在历次战争中都竭力保持冷静的头脑。

秦军继续向唐境进攻。八月，薛仁杲进围宁州（隋北地郡，治所在今甘肃宁县），被击退。不久，薛举死，仁杲继立，居于圻墌城（在今甘肃泾川县东北）。唐军休整后，再度由李世民带领，进临高墌。薛仁杲派大将宗罗睺领兵拒战。

这次李世民冷静地分析了敌我形势，坚持了闭壁不战的方针，不论秦军怎样挑战，唐的将领怎样请战，他都不动摇。这样相持了六十多天，秦军粮尽，其将领牟君才、梁胡郎降唐。李世民摸清了秦方军心已经动摇，就派行军总管梁实带领一支兵到浅水原扎营。宗罗睺正求战不得，就想吃掉这支力量较小的军队，于是尽出精锐来攻。梁实军扼据险要，坚守了几天，宗罗睺军大为疲困。李世民审度战机已到，又派一支军队到浅水原南布阵，宗罗睺又并兵迎战。李世民亲率大军突然从浅水原北出击，宗罗睺引兵还战，阵势混乱，李世民带领精骑冲进宗罗睺阵内，唐军表裹夹攻，呼声动地，宗罗睺的军队溃散了。

为了不让敌方散兵得以回归圻墌城，以免他们在那里坚守，李世民立即带领轻骑二千多人以高速度进到圻墌城下，扼守住泾水南岸。晚间，唐的大军到达，渡过泾水，围住圻墌城。第二天，薛仁杲被迫归降。

李世民遇到的第二个劲敌是代北的刘武周。

李渊从晋阳南下以前，为了解除后方的威胁，曾经向突厥称臣。到武德二年（619），唐与突厥的关系发生了变化，突厥积极支持刘武周南下。于是从四月起，刘武周就对唐发动了进攻，袭陷榆次，围困并州（治晋阳）。那时，易州（治所在今河北易县）的宋金刚被窦建德打败，引兵投奔刘武周，这就更加壮大了刘武周的声势。唐先后派去援救并州的由李仲文、裴寂带领的军队，都被刘武周、宋金刚打败。李元吉慌忙从晋阳逃回长安。晋州（治所在今山西临汾）以北的城镇，除浩州（今山西汾阳）以外，全数落到刘武周手里。十月，宋金刚进一步打下了浍州（山西翼城），夏县民吕崇茂举兵响应，据守蒲坂（今山西永济县北）的隋旧将王行本也宣布响应刘武周。到这时，唐在黄河东岸就只剩下晋西南的一隅之地了，关中受到很大震动。李渊急派李世民带兵前往拒守。十一月，李世民带领军队乘冰坚渡过黄河，驻扎柏壁（今山西新绛西南），与屯驻浍州的宋金刚军主力相对峙。

唐和刘武周的军事形势对比如下：

刘武周方面：第一，他的根据地代北诸郡是隋的边防要地，"人性劲悍，习于戎马"。[1] 所以，他的军队战斗力很强。他得到突厥的助力，更是如虎添翼，军锋愈加锐盛。第二，晋阳是隋朝防御突厥的后方重镇，刘武周占领了那里，就有了充足的仓粮和库绢。第三，刘方乘战胜的余威，士气也是旺盛的。但是第四，刘方是外线作战，刘武周在河东一带没有能建立起巩固的统治基础。他和河东一带的地主没有什么联系，一般人民也不拥护他。而河东在长期战争中，兴建起许多分散的城堡，粮食都集中在里面，所以，刘方要想在河东就地征粮是很困难的。宋金刚的军粮大部分都要从晋阳运来，在晋阳、浍州之间，山险重重，不论是运输粟米，或是保护粮道，都是极为艰巨的工作。

唐军方面：第一，它屡经战败，士气暂时还是低沉的，这是它的主要弱点。但是第二，在太原失陷以前，唐方除拥有巴蜀、关中以外，又兼并了陇右、河西，它的后方更加巩固了。唐的人力、军力、物力、财

----

[1]《隋书》卷三〇《地理志中》。

力也比刘方更为优胜。第三，李渊与河东一带的地主阶级有着密切联系，李渊军入关前驻在河东时，比较注意军纪，这些都使得唐在河东就地征粮的条件要比刘武周一方好些。更突出的是第四，驻在柏壁的唐军主力西距黄河不过百里之遥，越过黄河就是唐的根据地关中，因而，它的运粮线是极其安全的，没有多少被断绝的危险。

唐军驻屯柏壁以后，李世民仍旧采用主力军坚壁不战的方针。此外，他的最重要的部署是分遣一部分兵力在汾、隰一带活动，牵制住敌军进攻浩州的力量，使浩州的守军能够坚持下去。当时从晋阳到晋西南大致有两条交通线，其一是从晋阳（今太原）沿汾水西侧经清源、浩州渡汾水达灵石，这就是李渊从晋阳南下时所采用的路线；另一条是从太原沿汾水东侧经榆次、平遥、介休以达灵石，约略相当于今天的同蒲线，这就是刘武周南下时所采用的路线。浩州正当西线的要冲，对东线运输的安全与否也有极大关系，因此，它就成为双方反复争夺的战略要地。唐军坚守浩州是一个重要的战略部署，这对最后唐军的获致胜利有着关键的作用。

宋金刚的军队深入晋西南，经过五个月的僵持，始终没有得到和唐军主力决战的机会，士气逐渐下落；而浩州又没有打下，粮道一直受着威胁。到武德三年（620）春夏之交，浩州的唐军突然渡过汾水，消灭了刘武周派遣来护运的黄子英部队。他们又进一步占领了介休、平遥之间的张难堡（今张兰镇），于是，汾水东侧的运粮线又被切断了。宋金刚的军队得不到军粮供应，只得被迫北撤。

李世民得知宋金刚的军队北撤以后，立即率军追击。他对这次追击战的指挥，也是极其坚决的。在最紧要的关头，唐军甚至一昼夜且追且战，逐北二百余里，他自己甚至二日不食，三日不解甲。双方在吕州（山西霍县）、雀鼠谷（介休西南）、介休一带进行了多次战斗，宋金刚的军队大多死亡逃散。他和刘武周看到大势已去，就逃奔突厥。唐军收复了全部被刘武周占领的土地，并且进据代北一带。

李世民负责指挥的第三次大战争是对王世充和窦建德的战争。这是唐在统一过程中规模最大的一次战争，前后经历了十个月左右，大致前八个月是对王世充的战争，后两个月主要是对窦建德的战争。

王世充本来是隋的东都守将。隋炀帝死后，东都发生内讧，王世充消灭了他的对手元文都、卢楚一派的势力，逐渐掌握了政权。武德二年（619）四月，他自立为帝，国号郑。

东都的隋军曾经遭受瓦岗军的严重打击。宇文化及杀掉隋炀帝，领兵北上以后，东都的形势发生了重大的变化。在对宇文化及的作战中，李密的兵马伤亡很重，王世充乘机打败了李密，得到李密的一部分将士和州县的归降。此后，王世充又利用刘武周南下的时机，夺取了唐在河南的一部分土地，扩大了自己的势力。

王世充政权无论在政治方面或军事方面都存在着很大的弱点。第一，他是隋炀帝的亲信，是以残暴镇压农民起义起家的，他的政权直接继承了隋政权，因此，他的统治是不得人心的，不能获取人民的支持。第二，在东都统治阶级内部，存在着深刻的矛盾。一部分关陇军事贵族，始终倾向于唐方。武德二年发生的独孤武都和裴仁基的两次谋叛，都说明东都内部没有坚强的团结。从李密那里投降过来的将领，凡属于裴仁基一系的，如秦叔宝、程知节、罗士信等，都先后投降了唐。第三，在王世充控制之下的州县处于极不稳定的状态。这些州县的官吏，只要看到唐优郑劣的形势，就大多会倒向唐方。第四，王世充的主力战斗部队由江淮排攒手组成，这一兵种用于防守较好，但进攻的能力比较薄弱。第五，王世充的首脑要地东都距离新安前线不出百里之遥，完全暴露在敌方面前。他的主要优点是据守坚城，一时不易被攻破。

唐的方面，除了前面所分析的一些优点以外，这时又有了新的发展。第一，兼并陇右和河西，使关中的后方更加巩固；打败刘武周以后，来自东北侧面的威胁也解除了。从而唐就可以大力来翦除关东群雄。第二，由于军事上转入完全主动的局面，唐在关中又施行了一项重要改革。武德三年七月[1]，"初置十二军，分关内诸府以隶焉。……每军将副各一人，取威名素重者为之，督以耕战之务。"这样就把军事和生产结合起来，不论在巩固后方方面，或是在保证前方兵员的补充和粮秣的供应方面，都有良好作用。第三，唐军屡获大胜，士气较高，这与以前对薛仁杲和刘武周作战时的情况大不相同了。

武德三年（620）七月，李渊命李世民统军东击王世充。面临着唐军的强大攻势，王世充做了如下部署。第一，从所属州县征集骁勇，集中到洛阳，分遣其兄弟子侄防守洛阳要害的四城，自己则统领步骑总三万人以御唐。第二，分遣其兄弟子侄镇守洛阳外围的襄阳、虎牢、怀州（今河南沁阳县）等要地。

和反击薛举、刘武周的两次战争不同，李世民这次进行的主要是攻坚战。他在亲率大军攻拔洛阳西线的主要据点慈涧（今河南新安东）之后，做了如下部署。第一，李世民自领大军屯于洛阳以北的北邙山，连营以

---

[1] 《通鉴》年代有误，此据《唐会要》卷七二《京城诸军》。

逼洛阳；第二，派遣将军史万宝自宜阳（今宜阳西）南据龙门（洛阳南），刘德威自太行东围河内（怀州），王君廓自洛口切断王世充粮道，黄君汉自河阴攻回洛城（河南孟津东）。他的这种部署，目的有二：一是完成对洛阳的合围，二是断绝洛阳的粮食供应。此外，李世民又利用瓦解敌人的办法，对于从王世充那里归降的官吏一律保留原职或加以提升，让他们管理原地，以期吃掉一切王世充所属的州县，使洛阳陷于完全孤立的地位。

战事依照李世民的部署顺利进行，从八月至九月，黄君汉攻取了回洛城；刘德威袭击怀州，入其外郭；史万宝进军到甘棠宫，王君廓徇地直至管城（郑州）。郑的州县官吏看到唐优郑劣的形势，纷纷降唐。次年二月，世充兄子王泰弃河阳走，怀州刺史陆善宗以城降；太子玄应自虎牢护运粮米的军队被唐军邀击消灭，保据洛口的单雄信等也在李世民亲领的增援唐军的压力下遁去。洛阳的外围据点大多被唐军控制了，于是李世民对洛阳宫城展开了猛攻。洛阳守军以重武器防守，大炮飞石，重五十斤，掷二百步，八弓弩箭如车辐，镞如巨斧，射五百步。但城中乏食，民食草根木叶皆尽，死者相枕于道，眼看就要陷落了。

当刘武周南下的时候，河北的窦建德击取了唐的洺州（河北永年）和相州（河南安阳），又进一步夺取了黎阳（河南浚县东）和卫州（河南汲县）。唐山东道安抚大使李神通被俘，黎州总管李勣被迫投降。此后，他又回师北指，谋取唐的幽州。由于唐幽州总管罗艺的坚守，窦建德未能取得重大胜利。武德三年冬，窦建德渡河南击孟海公，至次年二月，克周桥（当在今山东菏泽附近）。这样，他在河北、山东都扩大了自己的地盘。

王世充在洛阳被困，曾经几次向窦建德求援。起初，窦建德抱着旁观的态度，等到洛阳危急时，他惧怕唐灭王世充后会威胁到自己，就立刻决定援救洛阳。武德四年三月，窦建德悉发孟海公、徐圆朗之众西上，水陆并进，泛舟运粮，迅速抵达成皋（河南汜水）的东原，有众共十余万。

在如何对待王、窦联兵的问题上，李世民的部下有两种不同的意见。萧瑀、屈突通、封德彝等认为：王世充据守坚城，一时难于攻下，窦建德乘胜而来，兵锋甚锐，不易抵挡，不若退守新安，以后再图进取。郭孝恪和薛收等认为：如果让王、窦两军会合，则转运河北的粟米以供应洛阳，将使战事长期拖延下去；应该留一部分兵力围困洛阳，深沟高垒，闭壁不战；另选一支精兵，扼住成皋要道，以阻断王、窦两军的联系；击败了窦建德，则王世充就会不战自降。李世民当机立断，采用了后一派的主张。他命令齐王元吉领兵困守东都，他自己挑选精兵三千多人，作为先头部队，立刻驰赴虎牢关，增援前线，以扼止窦建德西进。

窦建德一方的优点是：第一，他的政治清明，得到河北人民的爱戴，后方是巩固的。第二，他虽然也是外线作战，但前线距离他的后方根据地洺州不算很远，从河北、山东运粮到前线，水陆交通也都很便利。他的弱点是：骑兵不及唐军精锐。因此，唐军对窦建德军作战，不利于持久，而利于速决。经过一个多月的相持，李世民通过侦察、试探和小规模的接触，摸清了对方的底细，决定诱使窦建德的主力出战。

李世民根据情报，得知窦建德将俟唐军刍尽，牧马于河北的机会来掩袭虎牢。五月一日，他渡过黄河，侦察了敌情，留下千余匹马来迷惑窦建德。晚间回到虎牢。第二天早晨，窦建德果以全力出击，两军在汜水两岸列阵对峙，相持到中午，窦军士卒饥倦，阵容不整。李世民已把河北的马调回，就下令唐军飞涉氾水。他率领轻骑当先陷阵，直出窦军阵后。窦军迅速被击溃，窦建德也临阵被擒。

洛阳的王世充看到大局已无可为，接着就投降了。

李世民指挥的最后一次战争是对刘黑闼的战争。

窦建德是一位杰出的农民起义领袖，他在反隋起义中建立起来的夏政权虽然是封建性的，但是他始终保持着农民的勤俭精神。他不食肉，常食蔬、茹粟饭，他的妻子曹氏不衣纨绮。对于农业生产，他极为重视。占领洺州后，他致力于劝课农桑。在那样纷乱的年代里，他竟然能使洺州"境内无盗，商旅野宿"。他的俭朴的作风和良好的政治深得河北人民的爱戴。他虽然被唐朝的皇帝杀死，但直到唐朝后期，山东、河北之人，"或尚谈其事，且为之祀。"[1] 怎样来稳定窦建德统治过的河北地区，在当时，唐廷君臣都是毫无经验的。唐的官吏严厉地绳治窦建德故将，这不但引起窦建德旧部的愤慨，而且使河北人民感到不满。紧接在唐廷杀了窦建德之后，武德四年（621）七月，窦建德故将刘黑闼从漳南（今河北故城东北）起兵，各地纷纷响应。不到半年工夫，刘黑闼就完全恢复了窦建德故地，仍以洺州为都城。他的行政设施，完全遵循窦建德的旧制，而攻战的勇敢果断，更有过于窦建德。

唐军屡经挫折以后，武德四年末，李渊再度派李世民前往镇压。刘黑闼军的战斗力很强，武德五年，唐的著名勇将罗士信战死了。到三月，李世民采用了决洺水灌敌的办法，才把刘黑闼的军队击溃，刘黑闼逃奔突厥。

---

[1]　《全唐文》卷七四四殷侔《窦建德碑》。

但是，这一次，唐军仍然只是单纯在军事上获得胜利，并不能真正解决河北问题。过了两个月，刘黑闼又回到山东。他的军锋很快就锐盛起来，唐的行军总管淮阳王李道玄战死。仅仅四个月工夫，刘黑闼又尽复故地。唐改派太子建成领兵去镇压。

李建成接受了宫臣魏征的建议，改用宽大政策，释放了全部俘虏。这时，全国统一的局势已经形成，农民都愿意恢复生产，恢复安宁的生活。因而魏征的建议一经实行，刘黑闼的军心迅即瓦解，刘军不战自溃。武德六年（623）正月，刘黑闼被杀。

在隋末农民战争推翻隋的统治以后，刘黑闼的两度起义更加深了唐初统治者对人民力量的恐惧。同时，由于李建成采用魏征的对农民让步的办法迅速地解决了河北问题，唐初统治者就找到了一条稳定全国统治的道路。所以，刘黑闼的起义在推动唐初统治者采取对农民让步的政策上面，特别是在促成贞观之治上面，起了重大的作用。李世民自从打败王世充、窦建德之后，就在长安开了文学馆，招引许多儒生来谈论治道，向他们学习历史上的统治经验。但是，他从这些儒生学到的东西却远没有从魏征用对农民让步的办法来解决河北问题这一点学到的多。李世民的作战经验要比建成丰富，他的军事指挥才能和阵前的威猛也决不下于建成，他在军事上战胜了窦建德，战胜了刘黑闼，但并不能稳定河北。而建成利用魏征的建议，一下子就获得了成功。年轻而敏感的李世民是不可能不从这一鲜明的对比中获取经验教训的。李世民即位以后，立即拔用魏征并且特别重视他如何治理国家的意见，就足以证明我们的这个推断。

从上述几次战争里，我们可以看到李世民在战略战术方面的一些特点，现在简述如下：

第一，李世民很善于分析敌我双方的优点和弱点，很善于利用自己一方的优点和敌方的弱点。

第二，李世民能够从战争的全局出发，抓住关键性的问题来制订战略方针。

第三，李世民在寻找战机、捕捉战机和创造战机方面做得非常出色。他对于什么时候打，掌握得很稳很准。

第四，李世民具有冷静的策略头脑、顽强的忍耐精神和当机立断的魄力。

第五，李世民很注意调查研究和掌握敌人情况。他在每次战斗前、战斗中，都要亲自带领少数精骑，深入侦察对方。

第六，李世民很重视乘胜追击，猛打敌人，不让失败的敌人获得喘息的机会。

第七，李世民很善于运用己方的优良兵种，即骑兵。在战事相持阶段，他善于运用精骑来切断敌人的粮道；在主力决战当中，他善于运用精骑突入敌阵或迂回敌后的战术来给予敌方以致命的打击。在敌方溃退当中，他也善于运用精骑的高速度来穷追猛打，力求全歼败敌。

本人没有军事经验，这些纸上谈兵的分析，是否有当，请予批评指正。

四　玄武门事变

李世民为了争夺皇位继承权，在长安宫城玄武门杀掉他的长兄建成和四弟元吉，这就是玄武门事变。后代的封建史家，大多沿袭贞观时修的实录，继续为李世民辩护，也有人着意做翻案文章，把李世民谴责一番。但不管怎样说，他们都是从封建伦理出发来评论玄武门事变的。我们认为，玄武门事变完全是封建统治者争权夺利的斗争。封建统治者为了权势，不可避免地要撕碎那笼罩于家庭之上的温情脉脉的面纱，抛弃那些经常宣扬的忠孝友悌一套好听的名词，彼此不择手段地进行残杀。这都是为他们所处的政治地位所迫使和由他们的阶级本性所决定的。李世民在唐室进行的统一战争中树立了很大的功勋，并壮大了自己的力量，在地主阶级的剥削本性的支配下，他就免不了要产生夺取皇位的贪欲，这样他就必然要设法除掉建成；纵使退一步说，他并不想杀建成，但是他不能没有"功高不赏"的顾虑，不能不害怕受到建成的疑忌而终于被杀。反过来，对于建成来说，也有同样的情形。地主阶级的剥削本性和剥削阶级的政治制度决定着他们要争权夺利，从而也就决定着他们必然要尔虞我诈，以致互相残杀。从历史上看，在封建帝王的家庭里，父子兄弟之间的互相残杀是不胜枚举的。

高祖李渊的窦后生有四子，除三子元霸早死外，长子建成通常留居长安，协助李渊处理军国大事，次子秦王世民则经常领兵出征，不断扩大唐的统治区。随着李世民威望的提高，这兄弟二人争夺皇位继承权的斗争就日益尖锐起来。在这个斗争中，李渊的第四子齐王元吉一直站在建成的一边。

在贞观史臣撰修的《高祖实录》和《太宗实录》中，李建成被描绘成为荒庸无能的人，实际情况绝非如此。从史料透露出来的情形看，李建成为人宽简、仁厚，很有政治才干，也有军事才能。他辅助李渊处理政务，稳定后方，支援前线，起过巨大的作用，后宫、外廷和长安等地都有不少拥护他的人。他收罗在自己周围的东宫官属，如魏征、王珪、韦挺等人都很有政治见解和政治才能，这些人在以后的"贞观之治"中都起了不小的作用。所以，李世民竞胜这个对手，并不是轻易的。他的得胜带有很大程度的偶然性。

在争夺皇位继承权的斗争中，双方所用的手段基本上是相同的，大致有如下几点：

第一，在朝廷大臣中争取支持者。在宰相当中，裴寂、封德彝都支持建成，萧瑀、陈叔达则倾向于世民。由于裴寂是李渊最宠信的大臣，在外廷中，李建成实际上居于有利的地位。

第二，在高祖妃嫔中争取支持者。李建成长期留居长安，经常在后宫进行收买活动。由于他是太子，妃嫔们认为他继承皇位的可能性较大，大多支持他。她们常在李渊面前称赞建成，挑拨李渊与李世民不和。因此，在内宫，李建成也占居有利的地位。但李世民也决不如史书所说的那样：

"参请妃媛，素所不行"，他也让他的妻子长孙氏在宫廷里大肆活动，争取高祖妃嫔的支持和高祖的同情。[1]

第三，在京城树立自己的势力。在长安，李建成有东宫兵，李世民有秦王府兵，李元吉有齐王府兵，这些是公开的。此外，他们还私养一些勇士作为自己的死党。如李建成在武德七年曾招募勇士二千人为长林兵（经告发以后大概取消了，但李建成还有私养的精兵是无疑的），李世民在发动玄武门事变前，有蓄养在外的勇士八百余人。就兵力来说，合东宫、齐王府两支力量也一定是超过秦王府的。李建成在长安有东宫官属，世民和元吉也有秦王府属和齐王府属，他们都搜罗了不少智谋之士做自己的僚属，为自己出谋划策。

第四，在地方树立势力。李建成在出征刘黑闼时就拉拢了久在幽州的罗艺，利用他的关系在河北发展了自己的势力。李世民是陕东道行台尚书令，也利用这一地位在河南一带结纳山东豪杰。至于他们与各地都督的联系则事涉琐碎，这里不能多谈。

第五，收买对方爪牙。李建成曾以重金收买李世民手下骁将尉迟敬德和段志玄等人，都被回绝了。李世民收买李建成手下的将领常何和太子率更丞王晊却获得了成功。大抵李建成以李世民手下重要将领为收买对象，结果殊难有成，李世民则更为诡秘，着重收买李建成手下次要的人物，因为这些人既不是最重要的，也不是无足轻重的，所以一方面容易达到收买的目的，另一方面也能够发挥内奸的作用。李世民的势力和地位在好几方面都敌不过建成，但最后能竞胜建成，这一策略具有重要

---

[1] 《旧唐书》卷六四《隐太子建成传》、卷五一《太宗文德皇后长孙氏传》。

的意义。

在统一战争结束以前，李建成和李世民要一致对外，还不可能用全力进行正面的冲突。到统一战争结束以后，他们之间的矛盾上升到显著的地位，冲突就越来越表面化了。从武德七年（624）起，双方互相揭发。曾经公开争斗了好几次，但还没有发展到你死我活的程度。武德九年（626）夏，突厥犯边，李建成向高祖推荐元吉做出征统帅，想借此把秦王府的精兵和骁将尉迟敬德、程知节、段志玄、秦叔宝等人移到自己手里，然后杀掉李世民。李建成方面的这一密谋被王晊透露给李世民。这已经到生死关头了。李世民和长孙无忌等商量之后，决定先发制人，阴谋伏杀。

六月四日，常何当值玄武门。在前一天，李世民密告李建成、李元吉淫乱后宫，李渊决定第二天审问。李建成认为常何是自己的人，不会发生问题，所以这一天早晨照常入朝，而李世民已经在常何的协助下，暗中在玄武门设下伏兵。李建成、李元吉行至临湖殿觉变，正想转回宫、府时，李世民突然带领伏兵出击，他一箭就射死了建成，尉迟敬德也射死了元吉。不久后，李渊被迫退位，李世民就正式做了皇帝。

五　唐太宗的用人政策

唐太宗初即位时，国内的形势并不很好。经济凋敝的现象正笼罩着全国。隋朝盛时，政府控制的户数，曾达到九百万左右。经过隋炀帝的残暴统治和长期战争之后，到武德末年，就只剩下不到三百万了。从贞观元年到三年，又遇上连续三年的严重灾害。不言而喻，在经济凋敝的情况下，要想顺利地度过这样的灾荒，自然不是轻而易举的事。政局也不十分平稳，建成、元吉的余党还散布各地，其中包括一些中央和地方的高级官员。在武德九年和贞观元年（627），地方上曾经不止一次发生变乱。尽管这些局部变乱很快就被平息下去，但是如果处理不好，引起一场轩然大波也并不是不可能的。

在全国各地当中，山东、河北一带是各种矛盾的焦点，问题最为复杂。第一，山东、河北一带是当时生产最先进、经济最发达的地区之一，但是在隋炀帝残暴统治时期和隋末唐初的混战中，这里受到的破坏也最严重。到贞观六年，这里还呈现着一片荒凉残破的景象："崔莽巨泽，茫茫千里，人烟断绝，鸡犬不闻。"[1]第二，山东、河北一带是隋末农民起义风暴的策源地，人民富有革命斗争传统。唐廷最后压平刘黑闼起义是在武德六年初，从此直到太宗即位时，相隔只不过三年多。唐廷君臣对山东豪杰怀着疑惧的心理，在山东豪杰与唐朝统治者之间还处于相对紧张的状态。第三，李建成接受王珪、魏征的建议，借镇压刘黑闼的机缘来到河北，致力于结纳山东豪杰。从此以后，河北一带就成为建成在地方树立势力的重点。久在幽州的前幽州总管罗艺成为李建成的积极支持者，太宗初即位时的幽州都督庐江王瑗也是建成的党羽。建成死后，庐江王瑗立即企图举兵反抗，他的企图虽然很快被击破，但是，"河北州、县素事隐（建成）、巢（元吉）者不自安，往往曹伏思乱"[2]，这对太宗是个很大的隐患。

要稳定全国局势，特别是根本扭转山东、河北一带的紧张局面，就必然涉及用人政策。太宗初即位时，首先要考虑的是如何适当对待下列三种官员，即（一）高祖统治时中央机构的高级官员；（二）秦王府的僚属；（三）建成的东宫官属和元吉的齐王府属。

为了广泛地团结地主阶级在自己的周围，唐高祖网罗了各地区的贵族和士族，让他们参加到上层统治集团里来，在他先后任用的十二个宰相中，除皇子、妻族和太原起兵的元勋以外，其他六人是北周宗室宇文士及、隋朝宗室杨恭仁、梁皇族萧瑀、陈皇族陈叔达、关东士族封德彝、关中士族裴矩。他的这种用人政策，对于调协各地区上层统治阶级的关

---

[1]《贞观政要》卷二《论直谏》。

[2]《新唐书》卷九七《魏征传》。

系，巩固唐皇室的统治，是起了作用的。但是第一，这些贵族和士族大多思想保守，有的人甚至对农民抱着极端仇视的态度，因而要想依靠他们解决山东、河北问题，是不能想象的；第二，在武德时期，虽然这些人也有的支持过太宗，但是另一些人，如裴寂，则与建成有着密切的关系。裴寂是高祖最宠信的大臣，在朝廷拥有极大的势力，对于他，太宗是放心不过的。因此，太宗不能倚靠高祖的原班人马来进行统治。

秦王府属是太宗的死党，太宗依靠他们取得了皇位。在他初握政权的时候，也还必须依靠他们来掌握朝廷，但是第一，在太宗取得政权之后，他和秦王府属的关系也发生了变化，这些人很容易倚仗他们的功勋和他们与太宗的亲密关系，把太宗包围起来，垄断大权，把持政局，使太宗实际上成为他们的傀儡；这样，在太宗和他的旧府属之间就产生了包围与反包围的斗争。第二，在秦王府属中，缺乏关东普通地主的代表人物，他们不可能很好地解决关东问题。第三，秦王府属对建成、元吉余党怀有强烈的敌对情绪，当玄武门事变结束后，一些秦王府将领曾想全杀建成、元吉左右百余人，并抄没其家财；还有一些秦王府谋士则害怕建成、元吉党人被太宗重用以后，会分散自己的权势与利益。因此，要想用他们解除东宫官属和齐王府属的顾虑，使政局迅速得到稳定，那就无异于南辕北辙。

建成的东宫府属曾经是太宗的死敌。但是第一，他们反对太宗甚至要杀害太宗，不过是为了维护他们主人的太子地位，并由此来取得自己的荣显。他们和太宗并没有根本利害矛盾。在太宗看来，他们是"桀犬吠尧，各为其主"，是可以原谅的；赦免他们的死罪，可使他们感恩。他们处于"皮之不存，毛将焉附"的地位，只要新主人"以国士见待"，他们是可以"以国士报之"的。第二，在东宫府属中，有一些人参加过隋末关东的农民起义军，与关东豪杰有着密切的联系，只有利用他们，才能迅速缓和河北、山东局势。第三，提用他们，还可起牵制秦王府属的作用，使太宗摆脱秦王府旧属的包围。第四，建成东宫官属中，有不少富有政治、军事才能的人，拔用他们，对于太宗有效地治理国家，也是有很大的好处的。第五，玄武门事变后，建成余党满怀疑惧，他们既为太宗所用，则政治上的不稳局面自然消失。

如前所分析，太宗在以太子监国和即位以后，立即改组政府，一方面，他陆续把秦王府旧属高士廉、房玄龄、长孙无忌和杜如晦等人提拔为宰相；另一方面，立即召见魏征，付以安辑山东的重任，同时将流放在外的东宫官属韦挺、王珪召回长安。起初，任用他们做谏官，引置在左右；然后，又提升他们为尚书左、右丞和门下省要职，以至宰相，担负纠弹审驳的职务，以收限制秦王府旧属的效用。与此同时，他又把陈叔达、萧瑀、宇文士及罢去相职。到贞观三年，裴寂也被贬流到南方。这样，他就完成了中央机构人员的调整工作。贵族和士族在朝廷中的力量削弱了。

唐太宗并不排斥贵族和士族，在大臣中间，关陇军事贵族仍然占有很大比例，关中和关东士族也有一些被吸收到最高统治机构中。太宗用人政策的特点是拔用了不少关东的寒族地主或普通地主，如戴胄、杜正伦、张玄素、马周、李勣、张亮等。这些人多数参加过隋末农民起义军，与关东普通地主有密切联系，并对关东复杂的阶级关系和政治形势比较熟悉。他们大多正直敢言，能面折廷争，以矫正太宗的过失。太宗以用熟知经史的江南儒生为文学侍从之臣，以备顾问；而在决定施政方针上，极为重视关东普通大臣的意见。他的这种做法，对于执行向农民让步的政策，起了重要的保障作用。

六 "贞观之治"

一个既富且强的隋朝，由于隋炀帝的统治过分残暴而激成了全国规模的农民起义，很快就为农民起义军所推翻。这是唐初统治者亲眼看见的一次大事变，他们对农民的巨大力量不能不"惕焉震惧"。所以，唐政权从建立以来，就注意推行一些对农民让步的政策。唐太宗即位后，即申明他要"去奢省费，轻徭薄赋，选用廉吏，使民衣食有余"。他经常与大臣们讨论历代衰乱，特别是隋朝覆亡的原因，并引以为鉴戒。他们得出的结论是：一个政权如果过度暴虐，使人民无法忍受，就必将被人民推翻。《尚书·五子之歌》说："予临兆民，惊乎若朽索之驭六马。"《荀子·王制篇》说："君者，舟也；庶人者，水也；水则载舟，水则覆舟。"唐太宗反复引用这些古语来警励自己。大臣们也不断用这些话来进谏。唐太宗还曾明白地说："天子者，有道则人推而为主，无道则人弃而不用，诚可畏也。"[1]这样，隋末农民战争就决定了唐初统治者的指导政治思想的形成，从而给唐初一系列对农民让步政策的实行提供了主观条件。

---

[1]《贞观政要》卷一《论政体》。

在隋末农民战争中，有的农民起义军"见人称引书史，辄杀之"，有的起义军"得隋富及士族子弟，皆杀之"。地主阶级，特别是关东的大族豪强地主，气焰被打下去了。史称：贞观时，大姓豪猾之伍，无敢侵欺细民。[1]他们不敢施逞凶暴的真正原因，是慑服于农民起义的打击。同时，在隋末农民战争中，不少的依附农民、部曲、佃客和奴婢都摆脱了封建国家和地主对他们的控制。这样，隋末农民战争就直接调整了生产关系，从而也就为唐初政权的一系列对农民让步政策的推行提供了客观条件。

太宗即位之初，在朝廷中曾经展开一场如何统治农民的争论。以封德彝为代表的一部分大臣认为："三代以后，人渐浇讹"，只有任法律，杂霸道，才能统治下去。换言之，就是要对农民实行严厉的镇压。魏征则坚决反对这种主张，他认为：行帝道则帝，行王道则王，主要在于采用怎样的政策。他驳斥封德彝说："若谓古人淳朴，渐至浇讹，则至于今日，当悉化为鬼魅矣！人主安得而治之。"他并且列举史实，来证明大乱之后，最易"致治"，以坚定太宗的信心。封德彝的论调反映了正在崩溃中的大族豪强地主极端仇视农民的思想，充满了消极悲观的没落情绪；魏征的论点反映了正在发展中的普通地主对发展经济的要求，富有进取向上的精神。唐太宗接纳了魏征的意见，确立了贞观时期施政的总方针。

太宗认为，一人不能遍知天下之事，也就不能独断天下之务。因此一方面，他很注意在统治集团内部，兼听博采。从贞观初起，他就命令

---

[1] 《贞观政要》卷一《论政体》。

京官五品以上，轮流值宿中书内省，"问以民间疾苦，政事得失"。另一方面，他更重视发挥各级官吏的作用。对于重要的政务，"皆委百司商量，宰相筹画，于事稳便，方可奏行"。[1] 他重申中书省和门下省办事的旧制，这就是，凡军国大事，要由六员中书舍人各自申述自己的意见，并且署名，叫作"五花判事"；制敕草成须经过中书侍郎、中书令审查，再送到门下省，交由给事中、黄门侍郎驳正；复奏以后，再付外施行。此外，他又命令各行政部门，在接到诏敕后，如果认为不尽稳便，也要据理执奏，不一定立即执行。他再三向官员们指出："人心所见，互有不同，苟论难往来，务求至当，舍己从人，亦复何伤。"他要求官员不要护己之短，也不要相惜颜面；要"灭私徇公"[2]，决不能苟且雷同，草率从事。他并且引用隋朝为例，来告诫他们，说当时内外众官，遇事都模棱两可，终于弄到亡国、亡家、亡身。由此，军国大事和重要政令决定的审慎，就不仅从他个人的行动上，而且从制度上、从官员的思想上得到了保证。

贞观时期君臣的纳谏和直谏，是封建社会少见的良好的政治风气。唐太宗极为重视谏官的人选，并提高他们的地位。他规定宰相入阁议事，必使谏官随入，遇有失误，即行论谏。为了鼓励直谏，唐太宗不但对于纯属自己过失或可以不做的事，常能接受臣下的批评，而且对于某些他认为必须做的事，也有时因臣下的尖锐指摘而暂缓实行。例如贞观四年（630），太宗下令征发人民修洛阳宫，给事中张玄素上书谏止说："且以陛下今时功力，何如隋日；承凋残之后，役疮痍之人，费亿万之功，

---

[1] 《贞观政要》卷一《论政体》。

[2] 《贞观政要》卷一《论政体》。

袭百王之弊，以此言之，恐甚于炀帝远矣！"太宗说："卿以我不如炀帝，何如桀纣！"张玄素并不退缩，坚持说："若此殿卒兴，所谓同归于乱。"[1]太宗就停止了这次征发，并褒扬了张玄素能以卑干尊，赐给他绢二百匹。至少经过了一年多，才再下令修建。

太宗一方面提拔了许多出身普通地主的人物担任中央和地方要职，他又特别注意直接统治人民的地方官吏的行为，他把都督、刺史的姓名写在屏风上，随时记下他们的善恶政迹，以备赏罚。对于贪污的官吏，不论京官、外官，也不论勋贵、故旧，都要严加惩治。他还制驭王公妃主之家，使之不敢过于骄纵。这样，他就能通过用人政策来保证对农民让步政策的执行。

从贞观元年（627）到三年，关东、关中各地连续发生水旱霜之灾，关中饥饿尤甚，至有鬻男女者。唐太宗很重视救灾工作，命令灾区开仓赈济，无仓之处，准许就食他州，并连年派遣亲信大臣分往各灾区巡视。他还命令"出御府金宝赎男女自卖者还其父母"。[2]在旱蝗灾害严重的贞观二年，他曾经下大赦诏说："移灾朕身，以存万国。"据说，他还在御苑中吞食了蝗虫数枚，说道："民以谷为命，而汝食之，宁食吾之肺肠。"这些做法都能起安定人心的作用。非灾区的人民，也能对灾民体贴关怀，有的州做到了"逐粮户到，递相安养，回还之日，各有赢粮，乃别赍布帛，以申赠遗"。[3]这样，全国各地终于在安定的情况下战胜了灾荒。

---

[1] 《贞观政要》卷二《论纳谏》。

[2] 《旧唐书》卷二《太宗纪上》。

[3] 《旧唐书》卷一八五上《陈君宾传》。

配合着救灾工作的进行，唐太宗采取了精简机构和官员的办法，以紧缩国家开支，并提高行政效率。贞观元年，他下令并省了很多州县。中央各官府的官员，从二千多人减为六百四十三人。这对于唐廷度过财政困难起了很大作用。

唐太宗曾说：轻徭薄赋，不夺农时，"使比屋之人恣其耕穟"[1]，就能使人民富足。此外，他对于减轻刑罚，也很重视。贞观元年，他命令大臣重新议定律令，把绞刑五十条改为加役流。贞观十一年颁行的由房玄龄等修订的新律，比隋代旧律减大辟者九十二条，减流入徒者七十一条。其余变重为轻的还很多。在同时颁布的狱官令中，又定出了枷、杻、钳、镣、杖、答的长短广狭之制。太宗重申，法司判刑，不论过重或过轻，都要依律治罪。这就使新律得到比较认真的执行。对于死刑的判决，尤其慎重。唐太宗令天下死罪，不但要由刑部详复，而且要由中书门下四品以上官员及尚书、九卿议定，并须经多次复奏，才能施行。

唐太宗对农民让步的政策和各种措施收到了很好的效果，生产状况迅速好转。紧接在连续三年的严重自然灾害以后，贞观四年，全国大丰收，流散的人都返回乡里；全年才断处死刑二十九人。以后又连年丰稔，米粟每斗不过三四钱，出现了"马牛布野，外户不闭"[2]的现象。自长安南至岭表，东至于海，行旅不需自带粮食，沿途可以得到充分的供应。山东一带的村落，对于过路的旅客，必厚加供待，有的还在离开时赠送礼物。

对于"贞观之治"的形成和巩固，魏征做出了杰出的贡献。他不但

---

[1] 《贞观政要》卷八《论务农》。

[2] 《贞观政要》卷一《论政体》。

熟知前代盛衰兴亡的历史，而且由于参加过瓦岗军并在窦建德军中生活过一个时期，更能了解农民的疾苦和要求。太宗即位之后，面对着经济的凋敝，对于"致治"缺乏信心，魏征为他分析了有利条件，帮助他确定了劝课农桑、轻徭薄赋的政策。到唐朝国势转盛的时候，魏征仍然非常关心国家的命运，对太宗的政治措施，多所献纳，并经常提醒他"居安思危""慎终如始"，一再强调守成要比创业为难。贞观十年（636）以后，太宗的骄傲自满情绪有所滋长，政治渐不如前，魏征更不断对他敲起警钟，在贞观十一年的论时政四疏和十三年的十渐疏中，都痛切陈辞，力谏他居安忘危的过失。[1] 魏征有胆略，向太宗进谏，即使碰到太宗大怒的时候，依然神色不变，坚持正确的意见，一直到太宗平静下来，接受意见为止。当时人评论他最大的长处是"耻君不及尧舜，以谏争为己任"。太宗也很看重他，一再赞扬他是佐成自己治业的最大功臣，把他比作一面镜子，认为从他那里得到了很多的教益。

---

[1] 《贞观政要》卷一《论君道》《论政体》卷一〇《论慎终》，《旧唐书》卷七一《魏征传》。

七　边疆问题和民族政策

唐太宗即位前后，边疆上存在着两个威胁力量。这就是突厥和吐谷浑，而突厥对唐的威胁尤大。

6世纪时，突厥人开始进入阶级社会。6世纪下半期，突厥建立起强大的汗国。它控制的地区非常广大，"东自辽海以西，西至西海（里海）万里，南自沙漠以北，北至北海（贝加尔湖）五六千里，皆属焉"。[1]

隋文帝时，曾经压服东突厥的势力。隋末唐初，中原发生混战，东突厥又恢复了盛强，拥有战士一百多万人。当时割据北边的群雄如刘武周、梁师都、高开道等人，都曾经向突厥的可汗称臣。李渊从太原起兵南下，为了解除后方的威胁和取得突厥兵马的资助，也曾经一度称臣于突厥。唐政权建立后，东突厥的处罗可汗和颉利可汗相继支持北边的刘武周、梁师都、苑君璋、高开道等武装集团，跟唐军作战，以阻挠唐统一战争的军事进展。等到唐基本上完成统一的时候，东突厥的可汗更经常直接侵犯唐的边疆。从武德六年到九年，唐的边疆，无一年、无一季不遭受

---

[1]　《周书》卷五〇《突厥传》。

东突厥的袭击。东突厥的骑兵蹂躏了唐边疆的禾稼，东突厥的贵族把大批唐人掳去当奴隶。

武德九年（626）八月，唐太宗初即位，颉利可汗认为有机可乘，就带领十多万骑兵进到长安附近的渭水北岸。唐太宗一方面轻装简从，亲到渭水岸上与颉利可汗谈判；一方面震耀军容，以示必战。颉利可汗怕自己孤军深入，归路被切断，终于与太宗订盟约而还。

从表面上看，突厥是强大的，但是，它本身却存在着极严重的弱点。突厥是在征服邻国和相邻部落中壮大起来的，在它和被征服各族之间，很少有经济文化上的联系，因此，这个汗国只是军事行政的联合，是极不巩固的。在突厥的内部，也充满着复杂而尖锐的矛盾。

贞观元年、二年间，突厥已经陷入分崩离析的状态，唐的一些大臣屡次请求太宗发兵出击。太宗考虑到民生凋敝，准备工作还未就绪，就假借严守信义为名而加以拒绝。到贞观三年（629），太宗的统治已经巩固，唐与摆脱东突厥统治的薛延陀等部已经取得紧密的联系，统辖东突厥东部的突利可汗也已经降唐，连年的霜旱之灾使得突厥大闹饥荒，突厥牧民对贵族展开了猛烈的斗争，被俘的唐人也不甘心当奴隶，纷纷保聚山险，与突厥牧民并肩作战。唐太宗认为时机已经成熟，就在这年冬天派李勣、李靖带领军队十几万人，分道出击突厥。次年春，唐军分别在白道川（内蒙古呼和浩特西）和定襄（内蒙古清水河县境）大破突厥，然后跟踪追击到阴山以北，并切断通往大沙漠的道路。最后，颉利可汗被俘，东突厥灭亡。原来隶属于东突厥的各族都奉唐太宗为天可汗。

隋末唐初，青海高原的吐谷浑的贵族不断带兵侵犯边疆。唐击败东突厥后，伊吾（今新疆哈密）归唐，高昌王麴文泰亲来长安。这样，唐与西域的交通打开了。但是,吐谷浑仍然多次犯边,威胁着河西走廊。贞观八年(634)冬,唐太宗下诏大举进攻吐谷浑,派李靖节度诸军出击。唐军于贞观九年夏击溃吐谷浑军以后,深入追击。他们克服了高寒缺水的困难,经行了上千里的无人之境,其中侯君集带领的一支军队一直进到柏海(今青海鄂陵湖和札陵湖)。吐谷浑可汗伏允为部下所杀,伏允子慕容顺降唐,唐仍以顺为可汗。不久,顺亦为国人所杀,顺子诺曷钵继立为可汗,唐把弘化公主嫁给他。

高昌处于天山以南地区的东部,是由唐通往天山南北的要害之地。贞观六年(632),唐太宗让焉耆绕开高昌,另开碛路以通往来,这就损害了高昌垄断西域商道的利益,引起了高昌的不满。从此以后,高昌就臣附于西突厥,开始与唐对立。它阻绝西域诸国与唐通商,抢夺西域诸国给唐的贡品;它侵扰唐的伊州和属国焉耆,又派人离间薛延陀等国与唐的关系;它还扣留突厥灭亡后从那里逃到高昌的汉人,不把他们归还唐朝。这样,高昌就成了唐和西域诸国通商并进一步向西域发展的严重障碍。贞观十四年(640),唐军在侯君集率领下,越过地无水草,寒风如刀,热风如烧,长达两千里的沙碛,进入高昌境内。在击破田地城以后,迅速把高昌都城包围起来。唐军填堑攻城,飞石雨下。高昌在寡不敌众的情势下,其王麹智盛被迫出降。由于高昌之地多汉人,经济文化接近内地,高昌王麹氏又本为汉人,且高昌是确保西域商道的要地,唐不再在这里立王,而以高昌之地为西州,以高昌附近原为西突厥所据的可汗浮图城为庭州(今新疆吉木萨尔),各置属县。

7世纪初,吐蕃强大起来,松赞干布几次向唐请婚。贞观十五年(641),唐太宗把文成公主嫁给松赞干布,与吐蕃建立了亲密的关系。

关于唐对突厥、吐谷浑和高昌的战争，我想提出下面三个问题来谈。

第一，这三次战争的性质。唐对突厥、吐谷浑的战争，在起初，具有鲜明的捍卫边防、抵御侵犯的性质，是正义性的。但是封建统治者绝不可能以此为满足，在他们取得胜利以后，就必然要使这种战争的性质转化到它的反面，唐军俘掠了突厥和吐谷浑的大批牲畜，并且灭掉东突厥，攻破吐谷浑，使自己成为征服者。因而，唐所进行的这两次战争，都可以说是以正义战争开始，而以非正义战争告终的。

唐对高昌的战争符合东西各国打开通道，进行经济文化交流的要求；也符合西域各国进一步摆脱西突厥残暴统治，使西域局面转向稳定的要求，因而，也有一定的积极意义。

第二，关于唐军获胜的原因。唐处于封建社会内部生产关系变革的时代。唐初，旧的门阀地主已经崩溃，新的普通地主大土地所有制还没有成熟，社会上存在着大量的均田农民（实质上就是自耕农民）。中小地主的数量也颇为众多。就封建国家来说，它直接控制着这些农民，能够向他们征取赋税和徭役、兵役，因而是富强的；就农民中间的富裕阶层和中小地主来说，他们有着发展自己的要求，富裕的农民力图使自己上升为地主，中小地主更有扩充自己土地和财富的强烈要求。适应这种情况，唐政府实行了府兵制度和勋田制度。府兵（卫士）不服徭役，不纳租调，但是要轮流番上宿卫，应征出征，并要自备兵甲衣粮。唐政府规定拣点卫士的标准是："财均者取强，力均者取富，财力又均，先取多丁。"[1] 为了招引和骗取农民充当府兵，唐政府对立有军功的战士给

---

[1]　《唐律疏议》卷一六《擅兴律》拣点卫士、征人条。

以赏赐，提作武官，授以勋级并规定他们可以依照勋级请受数量不等的勋田。唐的勋级有十二等，最高的上柱国（比正二品）可以请受勋田三十顷，最低的武骑尉（比从七品）可以请受勋田六十亩。一般卫士作战有功，都可以获得勋级、勋田，而一般官吏，只有五品以上才可以请受官人永业田。唐初，不少贫困的卫士家庭因负担很重或战事伤亡而破产；但也有相当数量的富裕农民由卫士升为将校，获得勋田而转化为地主，不少中小地主因勋赏而扩大了自己的土地财产。参加对外战争成为中小地主和富裕农民发家致富的重要途径，战争的胜负成为与他们切身相关的问题。由此可见，产生这些战争的根源还不仅在于个别帝王的野心，更重要的是当时地主阶级的要求。对突厥、吐谷浑的战争并且具有一定的正义性质。因此这几次战争不仅得到了中小地主和富裕农民的积极支持，而且在一定程度上得到了人民的拥护。这是这几次战争胜利的主要原因。

此外，唐太宗还亲自在殿廷教练卫士，习射练武，"中多者赏以弓、刀、帛，其将帅亦加上考"，并且鼓励他们积极练武，好打败突厥。对于阵亡的将士，唐太宗派大臣前往吊祭，并将其应得勋赏回授子弟。这些做法，对鼓舞士气，也都有很大作用。

第三，关于这些战争的后果。这些战争对唐的内部并没有引起严重的不良后果，所以如此，首要的是如前所分析，它是符合地主阶级发展力量要求的；而这些战争每次都是相隔几年，解决得都很快，因而对内部没有形成激烈的破坏；而且打突厥、吐谷浑，对保卫边防、保卫边疆生产都有积极意义，所以，得到边疆人民的拥护，也不容易引起腹地人民的反对。还有一点值得一提的，就是这三次战争实际上使用的力量都不是太大。突厥实力虽然很强，但唐太宗掌握了战机，是等到突厥完全分崩离析才去打的。突厥又是游牧民族，没有城堡，不需要进行攻坚战，战争的胜负只决定于一次关键性的大战，没有旷日持久的现象，因而也没有严重的军粮运输问题。对吐谷浑的战争基本上还是骑兵速决战。因为地形艰险，这次战争也有一定的困难，峡谷沙碛乏水，"人龁冰，马噉雪"，甚至刺马血饮之。克服这种困难，没有旺盛的士气是不行的。对高昌，路途是远而艰险的，但国小，作战没有旷日持久。这些是和以后的某些战役（如对高丽的战争）很不相同的。

下面再谈一谈唐太宗的民族政策，主要就是历史上惯称的羁縻政策。所谓羁縻政策，就是不改变被征服民族的生产方式、风俗习惯，任命他们的贵族做羁縻州府的都督刺史，继续直接统治本民族。此外，唐对这些民族的贵族也竭力拉拢。灭掉东突厥后，唐在东突厥故地设置了许多都督府州，任用东突厥的贵族做都督。东突厥贵族来唐的，都被任用为将军中郎将等官。迁到长安居住的，将近万家。灭掉吐谷浑后，仍以慕容氏为可汗，并与之和亲，把弘化公主嫁给其可汗诺曷钵。

这里我想提出两点来谈，第一，这种政策是把对内统治的经验推广到统治边疆各族。唐政府对内让步，对他们也实行比较缓和的政策。需要指出，实行这种政策，并不是没有压迫的，唐常常征发他们去打仗，就是最值得注意的一点。第二，羁縻政策是在一定条件下实行的。唐和汉不同，汉朝所实行的是徙民实边政策，而唐实行的是羁縻政策，这是因为客观条件不同。西汉边疆比较单纯，强敌只有一个匈奴，其他民族都还不发达，基本上都处于原始社会。所以，汉可以把大量人民迁到边疆，在那里建立一些军事、农垦的据点，并且能长期站住脚。因此，西汉边疆的户口比较众多。以汉唐相比较，西汉末年辽西、右北平、渔阳三郡（河北北部和辽西一带）约九十三万人。而在约略相同的地区内，在唐代则不到八十八万人（天宝时口数）；辽东、玄菟、乐浪等地，汉代约存九十万人，而在唐代，辽东建立了高丽和渤海两国，《唐书·地理志》未记户口。在云贵地区，西汉有七十多万人，东汉的云南更增到二百万人左右，而唐代则在云南建立了南诏王国，《唐书》不记其户口，贵州的几个郡合计不过三万人；在内蒙古地区，汉代有一百多万人（包括山西北部的一部分），而唐代只有数万人。总括起来，西汉边疆地区的户口总数达三百多万人，而唐代大约只有二十万人。这是边疆地区各族社会生产发展的结果。从汉以来，经过几百年的变化，到了唐代，边疆各族大部分都已进入阶级社会，有的甚至进入封建社会，他们大多建立了剥削阶级的国家，经济比以往发达得多，人口也比过去大大增加。在这种情况下，如果采取徙民实边的办法，那就免不了要被边疆各族所吞并或者同化。所以，《唐书·地理志》所记载的边疆地区户口很少，并不说明这些地区人口很少，而是唐政府直接控制的户口很少，特别是汉人很少（《汉书·地理志》所载边郡户口，主要也是汉人）。至于东北和云南大部分地区，《唐书》根本就不可能记载其户口，因为唐朝在那里没有设立郡县。在这种情势下，唐朝也只有实行羁縻政策。

八　唐太宗中晚年的政治

贞观前期，太宗抱着比较谦虚谨慎的态度处理国家事务，在各方面获得了良好的效果。但是，随着国内形势的好转和边疆胜利的扩大，到贞观中年，在他的思想里滋长了骄傲自满的因素，政治逐渐不如以前了，兼听、纳谏的良好作风渐渐冲淡，对农民让步的政策开始不能很好地执行，侈靡奢纵的行为也有所发展。这种变化引起了一部分大臣强烈的反应。贞观十一年（637），魏征连续上了论时政四疏，反复劝告他要慎终如始，不要居安忘危，应当经常以亡隋为鉴。同一年，马周也在上疏中大声疾呼："但如贞观之初，则天下幸甚。"十二年，魏征再度指出他听谏的态度与贞观初有所不同，说他贞观初能"导人使言"，以后也还能"悦而从谏"，但近一二年则只能"勉强受谏"，而"意终不平"。十三年，魏征又上十渐疏，列举他"志业比贞观之初，渐不克终者凡十条"，其中第二条大意说：陛下现在奢侈放纵了，很想动用民力，就说："百姓无事则骄逸，劳役则易使。"从古以来，没有因为百姓安乐而国家危亡的，哪有预防百姓骄惰而让他们去服劳役的呢！这就说明，太宗有时已经把过去所说的"为君之道，必须先存百姓。若损百姓以奉其身，犹割股以啖腹，腹饱而身毙"的道理完全置诸脑后了。[1]

事实上，在贞观中年，太宗对自己的骄傲思想也不是全无警惕，例如贞观八年他曾说："但朕年十八，便为经纶工业……二十四而天下定，二十九而居大位，四夷降伏，海内又安，自谓古来英雄拨乱之主无见及者，颇有自矜之意，此吾之过也。"[2] 直到贞观十五年，他也还说过："朕有二喜一惧，比年丰稔，长安斗粟直三四钱，一喜也。北虏久服，边鄙无虞，二喜也。治安则骄侈易生，骄侈则危亡立至，此一惧也。"对于大臣的直谏，他一再表示，他知道错了，他一定知过改过，挽回损失，他要把他们的忠言写在几案上，写在屏风上，时刻记住它们来警惕自己。但是他终究逃不出代表地主阶级的封建帝王的圈子，他的骄傲思想越到后来越严重，政治也在走下坡路，由他所主演的"贞观之治"这出英雄戏剧，终于不能不带着几分悲剧的色彩，在哀歌声中降下了幕布。

在分析太宗的思想变化与政治的关系时，还必须注意到门阀观念所起的作用。原来，在唐代，大族豪强地主经济虽然已趋崩溃，但是门阀观念的影响还很强烈。和关东士族崇尚婚姻礼法不同，关陇军事贵族所崇尚的是贵戚冠冕。李唐皇室是关陇军事贵族集团中的主要家族，唐太宗具有很深的崇尚贵戚冠冕的观念。因此，他虽然拔用了不少关东和其他地区的寒族或普通地主做大臣，但唐皇室却很少与他们通婚。当时的情形是："王妃主婿皆取当世勋贵名臣家"[3]，这所谓勋贵名臣家是连同

---

[1] 《贞观政要》卷一〇《论慎终》，卷一《论君道》。

[2] 《贞观政要》卷一〇《论灾祥》。

[3] 《新唐书》卷九五《高俭传》。

突厥贵族包括在内的，而寒族出身的大臣则一般被摒除在外。由于太宗有着"致治"的要求和关陇军事贵族的门阀观念，他对待由寒族出身的大臣的态度也就形成为矛盾的两个方面：一方面，他信任他们，采用他们的政见来处理军国大事；另一方面，却又疏远他们，不愿意吸收他们进入统治集团的核心。在贞观前期，矛盾的前一方面是主要的方面，但随着"贞观之治"的形成和巩固，太宗逐渐骄傲自满，矛盾的后一方面也因之逐渐占据支配地位。这一变化对太宗晚年的政治，有着极其重要的影响。

在分析太宗的晚年政治时，还必须注意到因皇位继承问题而引起的后果。这一点看起来好像无关紧要，实际却不如此。依照我国古代的封建法统，皇位是由嫡长子或嫡长孙承袭的，他们往往缺乏政治才能，而后嗣能否守住基业，这又是封建帝王所最关心的，因此，一个帝王的政策往往要受其影响，某些杰出的帝王甚至为了预为后嗣安排而做出一些傻事。汉高祖晚年大杀功臣，主要目的在于打击异姓诸王的割据自雄，但是害怕懦弱的惠帝不能制服功臣，也是一个附带的原因，这就是皇位继承问题影响及于政策的一个例子。明太祖的晚年，因为害怕幼孙建文帝将来制服不住功臣，就屡兴大狱，把他的功臣几乎诛戮无遗，尽管他所杀的都已经是地主阶级中的人物，丝毫不值得我们去同情。但是，这些功臣大多是从农民战争中锻炼出来的，其中有一些人具有丰富的军事斗争经验和一定的政治能力，明太祖消灭了这一批人，对明朝的国力，多少也起了些不良影响。清康熙帝晚年，诸子纷争，在政治上也发生过混乱的现象。唐太宗统治后期，皇位继承问题同样影响着他的政治。

太宗长孙后生有三子，长子承乾有足疾，第九子晋王治闇弱，皆不为太宗所喜。第四子魏王泰好文学，深得太宗的宠爱。魏王泰谋做皇位继承人，承乾则力图保持太子的地位。由此，勋贵子弟和文武群臣各有附托，潜结朋党，在统治阶级内部产生了新的矛盾。贞观十七年（643），承乾被告谋反，案验有实，太宗废掉了他。宰相侯君集等以与承乾谋反事有连被杀，前太子左庶子杜正伦以曾泄露太宗语于承乾再度左迁为交州都督。

承乾既废，依照皇位继承法，最有资格做太子的是长孙后所生的魏王泰和晋王治。当时朝臣的意见分为两派，宰相岑文本、刘洎和大臣崔仁师等都劝立魏王泰，后兄长孙无忌和宰臣褚遂良则坚主立晋王治。主立魏王泰的一派岑、刘二人都来自江陵，先世虽有官位，但不称显赫，其家庭近于寒族一类；崔仁师虽是博陵大姓，然父、祖无闻，可能是破落的士族。出身于山东寒士的马周，在这次斗争中倾向如何，史所不载，但从他和刘洎关系密切来推测，或者也是站在魏王泰一边的。至于主立晋王治的一派则有所不同，此派以长孙无忌为首，他是关陇军事贵族集团的代表人物；褚遂良在这一斗争中，是长孙无忌最得力的臂助，褚来自江南侨姓高门，与关陇军事贵族有相通之处，在政治上是依附于长孙无忌的。所以这次决定皇位继位权的斗争实际上掩盖着普通地主与关陇军事贵族之间的矛盾。

长孙无忌在当时居于外戚和首相的地位，他坚主立晋王治，实际是由于：第一，魏王泰在朝廷树立了党羽，一旦继位，则拥赞他的岑文本、刘洎等人势将受到亲重，他自己的权势就有可能被削弱以至被取缔；第二，晋王治软弱无能，继位以后，很易为自己所操纵。

唐太宗不满意于晋王治的软弱无能，但终于决定立他做太子，这是因为太宗考虑到：第一，魏王泰与承乾争夺皇位，结下深仇，如果他做了皇帝，就一定会杀掉承乾，甚至连晋王治的生命也不能保全。而晋王治素来仁弱，又没有积极争夺皇位，他做了皇帝以后，承乾和李泰是可以有望保全的。第二，魏王泰阴谋夺取太子的位置，如果立了他，就会给后世子孙树立坏的榜样，这样是不适宜的。关于以上两点，太宗曾明确向大臣们宣布："我若立泰，则是太子之位可经营而得。自今太子失道，藩王窥伺者，皆两弃之。传诸子孙，永为后法。且泰立，承乾与治皆不全；治立，则承乾与泰皆无恙矣。"但是，在骨子里面，太宗恐怕还有更深刻的考虑，这就是第三，关陇军事贵族集团仍然是李唐统治的核心力量，他是不能消灭这个集团的。如果违反以长孙无忌为首的关陇军事贵族集团的意志定立李泰，将来就免不了要在关陇军事贵族与李泰之间展开斗争。如果长孙无忌一派竞胜，至少也是一场重大的政变，李泰还是不能保全；如果李泰竞胜，则出身普通地主的大臣势将掌握大权，排除他所亲信的长孙无忌等出于关陇军事贵族的大臣，甚至还可能动摇整个作为李唐统治核心力量的关陇军事贵族集团的地位。在他看来，这两种情况都是极为不利的。

经过立太子的斗争以后，太宗对出身于普通地主的大臣的态度开始改变。这时魏征已死，由于他生前曾经竭力保荐过侯君集和杜正伦，太宗怀疑他有朋党，解除了自己亲口许下的把衡山公主嫁给魏征长子叔玉的婚约，推倒了自己亲为魏征撰制并书写的墓碑。太宗对于劝立魏王泰的岑文本、刘洎等人无疑是存有戒心和疑忌心理的，只是为了不使打击面过宽，不使朝局发生太大波动，他暂时还容忍他们，并且让他们与褚遂良、马周"更日诣东宫，与太子游处谈论"，企图用这种办法来安定他们的情绪。

岑文本看穿了太宗思想深处藏着的猜忌,此后非常畏惧,当贞观十八年太宗提升他做中书令的时候,他带着满面忧虑回到家中,他的母亲觉得奇怪,追问他为什么这样,他说:"非勋非旧,滥荷宠荣,位高责重,所以忧惧。"他并且对贺喜的亲友说,"今受吊,不受贺也。"而刘洎却泰然自若,贞观十九年(645),太宗亲自领军去打高丽,命他辅太子李治于定州,将行,太宗对他说:"我今远征,尔辅太子,安危所寄,宜深识我意。"他却说:"愿陛下无忧,大臣有罪者,臣谨即行诛。"太宗对他更不放心了,当时就警告他说:"卿性疏而太健,必以此败,深宜慎之。"不久,岑文本死于幽州。太宗从辽东回到定州后,患了痈肿,刘洎对同列说:"疾势如此,圣躬可忧。"褚遂良就诬告他要行伊尹、霍光故事。尽管马周证明刘洎没有这样说,太宗还是下诏宣布刘洎"谋执朝衡",命令他自尽。很可能,所谓"谋执朝衡,自处伊、霍",只不过是加给刘洎的公开罪状,实际却是褚遂良乘太宗病重的时机,暗中对太宗提出刘洎与李治素不同心,万一太宗死去,刘洎就会成为危险的人物这个问题,这一点正中太宗的顾虑,因而他下定决心,除去了刘洎。

此后,太宗一直经常患病,对寒族出身的大臣疑忌更深。二十年,他用谋反的罪名杀了张亮;二十二年,马周病死,不久,他又听了褚遂良的话,用罔上的罪名流放了崔仁师。这样,出身于普通地主的大臣在朝廷中就所余无几了。最后,贞观二十三年(649),他在临死前,还把李勣贬为叠州都督,对李治说:"李世勣才智有余,然汝与之无恩,恐不能怀服。我今黜之,若其即行,俟我死,汝于后用为仆射,亲任之;若徘徊顾望,当杀之耳。"李勣极为狡猾,他从太宗数年以来的行动中,久已看出太宗对朝臣的猜忌，所以，受诏以后，不至家而去，这才免于被杀。（其实，李勣虽没有积极支持李治做皇帝，但是李治为晋王时，遥领并州大都督，李勣就是并州大都督府的长史。其后李治做了太子，太宗还特地任命李勣为太子詹事兼太子左卫率，并对他说："我儿新登储贰，卿旧长史，今以宫事相委，故有此授。"[1] 那么，李勣与李治还是有较深关系的。）既然太宗对李勣还如此猜忌，可见他杀刘洎，流放崔仁师，也就不足为怪了。

太宗晚年，逐渐排除了朝廷中出身于寒族地主或普通地主的大臣，专门倚信以长孙无忌为首的关陇军事贵族一派，这给当时政治带来了很严重的不良影响。和魏征"以谏争为己任"的态度相反，关陇军事贵族一派对太宗曲相谀悦。例如，贞观十八年太宗征求大臣直言其失，长孙无忌就带头说："陛下无失。"不久，太宗又对大臣们说："人苦不自知其过，卿可为朕明言之。"长孙无忌回答说："陛下武功文德，臣等将顺之不暇，又何过之可言。"褚遂良表面上也有时进谏，实际则是揣摩迎合居多，犯颜直谏很少，如贞观二十一年太宗大事吹嘘自己成功的五点以后，对褚遂良说："公尝为史官，如朕言，得其实乎？"褚遂良回答："陛下盛德不可胜载，独以此五者自与，盖谦谦之志耳。"就明白地显出阿谀的丑态了。在这般人的包围之下，太宗骄傲自满的情绪愈益增长，往日兼听纳谏的良好作风消失几尽（当然也不能说是完全消失），对农民让步的政策大大削弱了。

在太宗晚年的政治中，还有一点特别值得注意的是，太宗认为李治怯懦无能，他要及其身之未老，彻底解决边疆问题。从此，战争就频繁

---

[1] 《旧唐书》卷六七《李勣传》。

起来了。我们在前面已经分析过，唐初战争的频繁决定于唐王朝的阶级基础，即在上升中的普通地主有着建立军功以取得政治地位和扩大经济势力的要求，唐廷的战争政策是要满足他们的要求。但是太宗晚年大规摸进行战争，与他初年比较谨慎的情况有所不同，则不能说，个人因素或偶然因素不起作用。

贞观十八年（644），唐军出击焉耆，俘虏了焉耆王突骑支。同一年，又做了进攻高丽的准备。隋室老臣郑元璹告诉太宗说，辽东道远，粮运艰阻，高丽善守城，攻之不可猝下。太宗就以今日非隋之比来自解，并且说：他打高丽，一定能成功，理由是："一曰以大击小，二曰以顺讨逆，三曰以治乘乱，四曰以逸待劳，五曰以悦当怨。"不难看出，这些理由大多是颠倒了是非的，别的且不说，他竟然把唐军劳师万里，说成是以逸待劳，岂不是主观到了可笑的程度！昔日冷静地考虑敌我优劣的光辉到现在已经完全失去了。贞观十九年，唐军分陆海两路侵入高丽，太宗还亲到辽东前线督战。高丽人据城坚守，唐军每夺取一城，都要付出很大代价。最后，唐军久攻安市城不下，天气转冷，粮食又快吃完了，太宗只得下令班师。

当唐军在高丽作战的时候，漠北的薛延陀乘机侵入河套。唐太宗于贞观二十年发各地兵及突厥兵分数道攻击薛延陀，把它灭了，原来服属薛延陀的铁勒诸部降唐。二十一年（647），唐于铁勒诸部设置了府、州，各以其酋长为都督、刺史，又在回纥以南、突厥以北，开了一条"参天可汗道"，置六十八驿，以供往来使人的食宿。

贞观二十一年和二十二年，兵役和徭役的繁重达到了一个高峰。在东北，唐军两度泛海骚扰高丽；在西北，用很大力量击败龟兹，得七百余城，并移安西都护府于龟兹，统龟兹、焉耆、于阗、疏勒四镇；在西南，唐发巴蜀十二州兵，击败了"松外诸蛮"，收降七十余部；在北方，又攻打了薛延陀余部。这就是说，在此期间，唐军差不多在四条战线上同时作战。这还不够，唐太宗还下令营缮翠微宫和玉华宫，以为养病之用；又征发江南、剑南民工造船，以准备再度侵入高丽。剑南一带，更是既役人力，复征船庸，由于州县督迫严急，"民至卖田宅，鬻子女"不能供。官吏们还扩大征发范围，"役及山僚"，终于激发了雅、邛、眉三州僚人的反抗。太宗没有来得及再度大举侵犯高丽，就在僚人起义的余音中死去了。由于兵役和徭役过重所引起的局部骚动不安，给予了经历过隋末农民战争的唐初统治者以很大震动。贞观二十三年太宗死后，唐廷在长孙无忌的主持下，立即宣布"罢辽东之役及诸土木之功"。长孙无忌在唐初统治集团中，是一个保守派的代表人物，总的来说，我们是把他归入反面人物一类的，但是在高宗初即位时，他主持了休兵息民的政策，却也不能不给予他一点好的评价。

以上对太宗时期政治的分析，是根据史实做出的。为了集中说明问题，在贞观前期部分，我们没有很多地揭露其黑暗面；在贞观后期部分，没有提到政治一般也还算比较清明。但绝不能由上面的分析得出结论说，贞观前后期的政治是绝对相反的，前期是绝对地好，后期是绝对地坏。作为封建统治者，太宗不能不是封建剥削阶级利益的代表者，这一点不在话下，如果仔细分析贞观前期的政治，我们也可以找出不少骄逸的事。如贞观前期修建的洛阳宫"雕饰华靡"，就是一例。同时，太宗后期思想的发展也是有根源的。封建时期的帝王，在早期比较奋发有为，到后期变坏了，历史上不乏其例，太宗即是其中之一。我们也还要注意到，太宗后期的政治也不是与其前期截然不同，他多少也还保存了某些前期的做法。即以晚年修建的玉华宫而论，尽管"备设太子宫、百司，苞山络野，所费已巨亿计"，但还注意了俭约，"唯所居殿覆以瓦，余皆茅茨"。在民族政策方面，尽管贞观晚期侵略战争越来越多，但是在击败对方以后，也注意用了些缓和矛盾的政策。例如在辽东战役中，"清军所房高丽民万四千口，先集幽州，将以赏军士"。太宗回到幽州后，就命令"有司平其直，悉以钱布赎为民"。又如在击灭薛延陀后，也曾"遣使诣燕然等州，与都督相知，访求没落之人，赎以货财，给粮递还本贯。其室韦、乌罗护、靺鞨三部人为薛延陀所掠者，亦命赎还"。总之，在分析太宗时，我们必须做到，一方面，不要忘掉他终究是一个封建统治者，是封建地主阶级利益的代表者和维护者，他不能不受封建剥削阶级本性的支配；另一方面，也不要忘掉，他是经历了农民战争时期的巨大革命风暴的，是在农民战争严重地打击了封建统治的条件下进行统治的，他从农民战争中接受的教训也是比较深刻的。

  谈的时间很长，内容也比较杂乱，请原谅。个人理论水平很低，有错误或不当处，请批评指教。

下篇

唐王朝的崛起与兴盛

关于隋末农民大起义的发源地问题

从这个题目中，我提出两个问题来讨论：（一）隋末农民大起义发源于今山东、河北一带的原因；（二）今山东西部和河北邻接山东之处是隋末农民大起义的爆发点。

一　隋末农民大起义发源于今山东、河北一带的原因

要想全面地探索隋末农民大起义发源于今山东、河北一带的原因，必须追究从隋文帝以来黄河下游地区的土地分配的情形。史实说明，远在北魏、北齐时代，黄河下游地区就是当时最大的地主，即所谓"山东士族"的集中地。在隋代，黄河下游地区的农民苦于耕地不足，无疑是和已在衰颓着但尚未完全崩溃的"山东士族"仍占有大量土地这一点密切关联。

要想全面地探索隋末农民大起义发源于今山东、河北一带的原因，还须考察隋炀帝即位以来的残暴统治。史实说明，隋炀帝大业七年（611）以前的繁重徭役和剥削，给全国人民造成极大的灾害，而黄河下游地区恰恰又是受害特重的地区之一。

关于以上两点，我们将另辟专题来讨论。由于进攻高丽的战争是隋末农民大起义的导火线，本篇所论，仅以黄河下游地区的人民在隋炀帝进攻高丽的大征发中的惨痛遭遇为限。

隋末农民大起义最初在大业七年，在隋炀帝准备进攻高丽的大征发中发生，其爆发点则在今山东西部和河北邻接山东之处。为什么隋末农民大起义首先从这里爆发呢？

（一）因为：黄河下游地区是隋炀帝进攻高丽的供应基地。在隋炀帝进攻高丽的大征发中，这一地区的人民除应征充当士兵外，还须担负最为繁重的运输任务。

在这里，我们可以先引一个旁证。《通鉴》卷一八一大业五年记载：

> 置西海、河源、鄯善、且末等郡，谪天下罪人为戍卒以守之。命刘权镇河源郡积石镇（在今青海省内），大开屯田，捍御吐谷浑，以通西域之路。……自西京诸县及西北诸郡，皆转输塞外，每岁钜亿万计。……由是百姓失业，西方先困矣。

开通西域之所以困敝西北，在于西北诸郡接近西域前线，成为西域前线的供应基地，当地的人民因之担负了极繁重的转输塞外的任务。那么，由此也就可以推知，在对高丽作战中，最接近高丽前线的黄河下游地区，也要成为供应基地，当地的人民也会因负担繁重的徭役而大受灾害。而事实也正是这样。

请看隋炀帝第一次进攻高丽的大征发及出兵的情形：

大业七年（611），"帝自去岁（指大业六年，即公元610年）谋讨（进攻）高丽，诏山东置〔军〕府，令养马以供军役（隋文帝灭陈后，于开皇十年即公元590年，诏罢山东、河南新置军府。至是，复在山东增置。又古所谓山东，指太行山以东地区而言，约包括今河北省大部，山东省全部及河南省北部。本文凡称山东而不著'今山东'字样者，皆沿袭古称谓）。又发民夫运米，积于泸河、怀远二镇（二镇当在今辽宁朝阳附近），车牛往者皆不返，士卒死亡过半，耕稼失时，田畴多荒。……又发鹿车夫六十余万，二人共推米三石，道途险远，不足充糇粮，至镇，无可输，皆惧罪亡命。"（引自《通鉴》卷一八一。《通鉴》叙民夫运米一事，上接诏山东置府，下接以山东地域之农民起义情形，又此项运输以车牛及小车为工具，系北方情景，故可据以推知此民夫及鹿车夫乃山东人。和下面参看。）

大业七年四月，隋炀帝"至涿郡（今北京）之临朔宫。……先是，诏总征天下兵，无问远近，俱会于涿。又发江淮以南水手一万人，弩手三万人，岭南排镩手（排即盾，镩即小矛）三万人，于是四远奔赴如流"。

同年五月，"敕河南、淮南、江南造戎车五万乘送高阳，供载衣甲幔幕，令兵士自挽之。"

同月，"发河南北民夫以供军须。"（当时所谓河北，有广狭二义。广义之河北包括今山西省在内。然今山西省在当时又通称河东或山西，故狭义之河北仅指山西以东之黄河以北地区。当时所谓河南亦有广狭二义。广义之河南包括今山东省在内，其狭义之河南——在与山东对举时——则仅约包括今河南省之黄河以南地区。今山东省在当时无专称，或与今河北之大部合称山东，或与今河南之大部合称河南，此处所云河南北，当包括今山东省在内。）

同年七月，"发江、淮以南民夫及船运黎阳及洛口诸仓米至涿郡。"（黎阳仓在今河南滑县西，洛口仓在今河南巩县北，俱在当时运河线上。）

大业八年（公元612年）正月出兵。"诏左十二军……右十二军……络绎引途，总集平壤。凡一百一十三万三千八百人，号二百万，其馈运者倍之。""分江淮南兵，配骁卫大将军来护儿，别以舟师济沧海。"（以上各条俱引自《通鉴》卷一八一及《隋书》卷二四《食货志》。）

综合以上诸条，可得结论如下：

第一，隋炀帝进攻高丽，凡用兵一百余万。此百万大军来自全国的广阔地区，西到关中（可参考《旧唐书》卷五八《长孙顺德传》及《刘弘基传》），南及岭表，都是征发士兵的范围。但从《通鉴》舍一般化的"增置军府，扫地为兵"（《隋书》卷二四《食货志》）的记载，而在总叙农民大起义时，专言"诏山东置府"来看，山东地区，即今河北、山东一带的人民，为此百万军丁的主要承担者之一。

第二，隋炀帝进攻高丽，所用运输的民夫，数在百万以上。此项运输任务，悉由接近高丽前线、成为供应基地的黄河下游地区的人民以及可藉运河、长江交通之便的淮河流域和长江下游地区的人民承担。至于岭南、巴蜀、关陇等地的人民，则或以距离过远，或以别有边防任务（如前引西北诸郡之例），没有卷入到这项繁重的徭役当中（或者，至少也比较轻些）。

第三，淮南、江南和黄河下游地区的情形相同，其地人民兼有兵役、徭役两种负担。但在兵役方面，江淮以南的人民似乎只充当水师。不难推知，水师的人数要远较陆军为少（在这里，也不应忘记，江淮的民夫，也远不如黄河下游地区的殷繁）。在徭役方面，江淮以南的人民所担任的是运河线上的运输，这当然也是很劳苦的。但陆运的民夫，如鹿车夫之例，则运米甚少，以道途险远之故，甚且不足充口粮（涿郡至泸河、怀远二镇，经途千里，人烟稀少，山险难行，推毂往返，需时数十日。当时之"石"，较今为小，男女老幼少壮相均，"人日食米二升。"估计壮丁每月用粮，约近一石。所以二人共推米三石，不足充沿途糇粮）。如牛车之例，则以壮丁与耕牛一并被征发之故，大大妨碍其家庭农业生产的进行。相较之下，陆运民夫的受害，较之水运者，就不免更加严重些。

（二）因为：今河北、山东一带是进攻高丽的军事基地。在这个区域的东端东莱（今山东掖县）海口和北端涿郡分别驻屯着水陆大军。从这个区域内征发的兵丁要向涿郡调动，从其他区域征来的兵丁也都要经过这个区域向涿郡和东莱集中。为供应驻军和过境部队的某些需要，这一区域的人民又须担负较之其他地区更为繁多的临时征发物品。魏德深为贵乡（今河北大名）长，史言"会兴与辽东之役，征税百端，使人往来，责成郡县。于时……吏多赃贿，所在征敛，下不堪命。唯德深一县，有无相通，不竭其力"（《隋书》卷七三《魏德深传》），就说明了这一带的严重问题。魏德深可能是好一点的县官，至于一般的官吏，则是无比地贪残。他们在接到临时征发命令后，先用贱价收买指定征发的物品，然后再宣布命令，以高价出售给人民。一转手间，就能获利数倍。这就更加深了这一带人民的疾苦，把尖锐化了的阶级矛盾推向顶端。

总起来说，黄河下游地区的人民，在隋炀帝第一次进攻高丽的大征发中，其徭役、兵役、临时征发物品的负担，合起来，较之他地，是更为严重的。这是隋末农民大起义首先从这里爆发的主要原因。当然，我们的意思并不是说其他各地的人民没有负担繁重的兵役等，而只是说，这一地区人民的这些负担，乃是惨重中之尤为惨重者。我们的意思并不是说，隋炀帝的大征发加给其他地区人民的灾害还不足引起起义，而只是说，在全国农民大起义已经酝酿成熟之下，这一地区的人民以受害最深之故，也最容易首先举起义旗。

（三）此外，恰在隋炀帝准备进攻高丽的大征发的同时，黄河下游地区又遭遇到最为严重的水灾。《隋书》卷三《炀帝纪》：（大业七年）"秋，大水，山东、河南漂没三十余郡，民相卖为奴婢。"（《隋书》卷二四《食货志》作四十余郡。）

根据《隋书·地理志》所载，黄河下游地区（古所谓山东、河南，包括今河北省在内）总有郡数为四十上下。所以，这是一次遍及全境的大水灾。在隋炀帝历年大兴徭役以掘长堑，修宫殿，开运河，凿山道之余，因大地主占有大量土地而苦于耕地不足的黄河下游地区的人民，本已很难维持最低限度的生活。而在这次大水灾的同时，隋炀帝却以最大规模的兵役等加在这一地区的人民身上，就更使人民不能存活。高鸡泊义军的兴起，最鲜明地说明了大水灾对于爆发起义的影响：漳南（漳南与高鸡泊皆在今山东恩县西北）人孙安祖，家为水所漂，妻、子皆已饿死。安祖以骁勇之故，被选为"征辽"战士。按照隋的府兵制度，战士的衣粮以及大部分用具，均需自备。孙安祖已经穷到不能过活，无法负担这笔费用。于是向县令申诉，请免此行。县令不但不允，反加以笞刑。孙安祖忍受不下这种蛮横的待遇，于是刺杀县令，逃到窦建德家躲避。在窦建德的指示之下，孙安祖率领逃兵和无产业的穷人数百，来到高鸡泊举行起义。义军迅速发展到数千人，后来成为窦建德起义军的一部分重要力量。

在这里，也不应忘记，自然界的灾害，例如水灾，其发生，其广泛和深入的程度，也不能当作孤立的问题来看。归根结底，地主阶级残酷剥削之下的农民的困穷，封建国家大征发之下农村劳动力的缺乏，乃是农民失去防灾、减灾、抗灾能力的根本原因。这一次水灾在黄河下游地区之所以如此广泛而深入，在一定程度上，是和封建统治阶级的残暴的经济剥削与政治压迫关联着的。

今山东、河北一带之所以成为隋末农民大起义的发源地，其原因大致如此。

二 今山东西部和河北邻近山东之处是隋末农民大起义的爆发点

笼统地说山东、河北一带是隋末农民大起义的发源地，还容易令人产生这样的疑问：既然隋的水陆大军分别屯驻于山东东莱海口和河北涿郡，那么，在这两个重要军事据点的附近，是否便于农民起义的发生，特别是其发展呢？因此，对于隋末农民大起义首先爆发的地点，还有进一步考察的必要。

既然我们所讨论的是关于隋末农民大起义的发源地问题，就无需去考察隋大业九年六月以后的情形。因为自大业九年六月杨玄感的反隋军兴起以后，起义随即在淮南、江南（这些是在进攻高丽的大征发中受害仅次于黄河下游一带的地区）、岭南等地区开展起来，已经带有全国性，那已不在本节讨论范围之内。

隋末农民起义最初在大业七年发生，这一年主要起义军的地点如下：

（1）王薄起义军，占据长白山，在今山东章丘东。

（2）刘霸道起义军，占据豆子䴚，在今山东阳信东。

（3）孙安祖起义军，占据高鸡泊，在今山东恩县西北。

（4）张金称起义军，在今山东夏津附近之"河阻"中。

（5）高士达起义军，在今河北景县境。

在大业九年六月杨玄感反隋军兴起以前，新兴的主要起义军的地点大致如下：

（1）杜彦冰及王润、李德逸、郝孝德等诸支起义军，皆在今山东德县一带。

（2）白榆娑起义军，在今宁夏灵武一带。

（3）韩进洛、甄宝车等诸支起义军，皆在今山东茌平一带。

（4）孟海公起义军，据周桥，在今山东城武附近。

（5）郭方顶起义军，在今山东益都一带。

（6）格谦、孙宣雅等诸支起义军，皆在今山东阳信一带。

（7）孟让起义军，在今山东济南一带。

由此，可得结论如下：

第一，在大业九年六月以前，特别是在大业七年时兴起并且得到顺利发展的诸支起义军（白榆娑一支在西北），其活动的地区，并不是在涿郡和东莱附近，而是在距离这两个隋军据点，特别是力量庞大的陆军集中地涿郡较远的今山东西部和河北邻接山东之处。

第二，这个特定地区和隋代的政治中心即西京长安、东都洛阳相距亦甚远。不独远离长安，即和洛阳相距，一般亦有千里之遥。

第三，这个特定地区既和隋代的政治中心和当时的大军驻屯之所相距较远，所以隋朝在这里的统治力量相对薄弱（对关中、河洛、幽蓟一带说来是如此。若和某些边郡相较，则隋在这里的统治力量相对为强）。正因为如此，这个特定地区就比较便利于起义军的发生和发展。关于这一点，可以引《隋书》卷七一《杨善会传》中的一段话为证："于是山东思乱（反抗封建统治），从盗（起义军）如市，郡县微弱，陷没相继。"

第四，今河北、山东、河南三省之地是当时经济最发达的地区，合计户数达四百六十万左右，占当时全国总户数（约近九百万）二分之一以上。隋末农民起义军恰恰兴起于这个当时经济最发达、人口最集中的地区的中心，所以，扩展开来，就要给予隋皇朝的统治以致命的打击。

（原载 1953 年 7 月 11 日《光明日报》）

李渊晋阳起兵密谋史事考释

唐朝的创建始于晋阳起兵。唐高祖李渊的这一叛隋的活动是在隐秘的情况下进行的，真相本不易明了，及至唐太宗李世民发动玄武门事变，杀掉他的长兄李建成，夺取皇位以后，为证明他继承皇位的合法，对于高祖一朝的历史，特别是这一段创立唐朝基业的历史，大加修改。因而，现存的史料，如依据贞观时房玄龄监修的《高祖实录》和《太宗实录》写成的《旧唐书》《新唐书》的《高祖本纪》《太宗本纪》，《通鉴》的《唐高祖纪》以及《册府元龟·帝王部·创业门》等，其中有关晋阳起兵密谋的记录，都是歪曲了事实的，不足凭信。为了便于了解晋阳起兵密谋的发展线索，今将李渊在大业后期的经历以及与晋阳起兵密谋有关的史料，依时间先后编列如下：

大业九年，李渊自殿内少监迁卫尉少卿。辽东之役，渊于怀远镇督运，曾过涿郡，与宇文士及密论天下事。

大业初，〔李渊〕为荥阳、楼烦[1]二郡太守，征为殿内少监。九年，迁卫尉少卿。辽东之役，督运于怀远镇[2]。(《旧唐书》卷一《高祖本纪》)

初，高祖为殿内少监，时〔宇文〕士及为奉御，深自结托。及随化及至黎阳[3]，高祖手诏召之，士及亦潜遣家僮间道诣长安申赤心，又因使密贡金环。……俄而化及为窦建德所擒……〔士及〕遂与封伦等来降。高祖数之曰："汝兄弟率思归之卒，为入关之计，当此之时，若得我父子，岂肯相存，今欲何地自处？"士及谢曰："臣之罪诚不容诛。但臣早奉龙颜，久存心腹，往在涿郡[4]，尝夜中密论时事，后于汾阴宫[5]复尽丹赤。自陛下龙飞九五，臣实倾心西归，所以密申贡献，冀此赎罪耳。"高祖笑谓裴寂曰："此人与我言天下事至今已六七年矣，公辈皆在其后。"(《旧唐书》卷六三《宇文士及传》)

【按】宇文士及之归唐，事在武德二年。自此上推七年，为大业九年。盖是年李渊督运于怀远镇，曾过涿郡，与宇文士及相遇。二人密论天下事，当即在此时，又宇文化及为隋炀帝之婿，其时李

---

[1] 荥阳郡：治所在今河南郑州。楼烦郡：治所在今山西静乐。
[2] 怀远镇：在今辽宁朝阳附近。
[3] 黎阳：今河南濬县。
[4] 涿郡：治所在今北京。
[5] 汾阴宫：在今山西宁武南管涔山上。

渊尚未握兵，故二人之密论，或为隋室已现败亡之兆等类言谈，恐未必涉及举兵反隋之计。

及杨玄感起兵，炀帝命李渊代元弘嗣为弘化留守，关右十三郡兵皆受渊征发。渊妻兄窦抗曾劝渊乘机举兵反隋，渊不从。

  及杨玄感反，诏高祖驰驿镇弘化郡[1]，兼知关右诸军事。（《旧唐书》卷一《高祖本纪》）
  帝以元弘嗣，斛斯政[2]之亲也，留守弘化郡，遣卫尉少卿李渊驰往执之，因代为留守，关右十三郡[3]兵，皆受征发。（《通鉴》卷一八二大业九年八月）
  抗与高祖少相亲狎，及杨玄感作乱，高祖统兵陇右，抗言于高祖曰："玄感抑为发踪耳，李氏有名图箓，可乘其便，天之所启也。"高祖曰："无为祸始，何言之妄也。"（《旧唐书》卷六一《窦抗传》）

  【按】《通鉴》以李渊代元弘嗣为弘化留守事系于是年八月壬寅条下，盖因杨玄感之败连带叙述，非谓有确定月日可稽也。
  【又按】大业九年，农民起义之声势已称强盛，隋朝统治阶级

---

[1] 弘化郡：治所在今甘肃庆阳县。
[2] 斛斯政：隋兵部侍郎，参与了杨玄感的反隋活动。
[3] 关右十三郡：《通鉴》胡注："十三郡：天水、陇西、金城、抱罕、临洮、汉阳、灵武、朔方、平凉、弘化、延安、雕阴、上郡也。"

内部发生分化。杨玄感起兵即为此种分化之公开爆发。窦抗劝李渊乘机反隋,亦为此种分化之表现。李渊未必无叛隋之心,特持以重慎,未敢即发耳,观"无为祸始"之言可知。

大业十一年,四月,炀帝至汾阳宫避暑,以李渊为山西、河东抚慰大使,承制黜陟,选补郡县文武官,并发河东兵镇压境内的起义军。李渊行至龙门,击败毋端儿率领的起义军。在渊为大使期间,副使夏侯端曾劝渊及早起兵反隋。

> 夏四月,〔炀帝〕幸汾阳宫避暑。……以卫尉少卿李渊为山西河东抚慰大使,承制黜陟、选补郡县文武官,仍发河东兵讨捕群盗。渊行至龙门[1],击贼帅毋端儿,破之。(《通鉴》卷一八二大业十一年)
>
> 《通鉴考异》:创业注云:"帝自卫尉少卿转右骁卫将军,奉诏为太原道安抚大使,即隋大业十二年炀帝幸楼烦时也。"按帝十二年未尝幸楼烦。今从实录在幸汾阳宫时。
>
> 《通鉴》胡注曰:余按《隋志》,汾阳宫正属楼烦郡,自可以言幸楼烦,但有十二年、十一年之差耳。
>
> 大业中,高祖帅师于河东讨捕,乃请端为副。时炀帝幸江都,盗贼日滋。端颇知玄象,善相人,说高祖曰:"金(今)玉床摇动,此帝座不安,参墟得岁,必有真人起于实沉之次。天下方乱,能安之者,

---

[1] 龙门:今山西河津。

其在明公。但主上晓察，情多猜忍。切忌诸李，强者先诛。金才[1]既死，明公岂非其次？若早为计，则应天福；不然者，则诛矣！"高祖深然其言。（《旧唐书》卷一八七上《夏侯端传》）

【按】旧传"时炀帝幸江都"一语，疑有误。第一，李金才被杀，事在大业十一年三月，李渊任河东抚慰大使，适在其后。炀帝往江都则在大业十二年七月，夏侯端以李金才之死说李渊，似不应迟至李金才死后一年以上。第二，李渊率兵北备边朔，疑与炀帝往江都约略同时，而夏侯端则留居河东，未尝至北边。

【又按】当时人民反隋斗争极为坚决，故镇压农民起义之隋军在某些战役中，虽能获得胜利，而义军之声势则日益浩大。为此，隋炀帝于大业九年及十年，曾连斩宿将鱼俱罗、董纯等。李渊受命镇压河东起义军，处境与鱼、董等相同，其思想顾虑重重，自属意中之事。及大业十一年三月，炀帝又以猜忌李金才门族强盛之故，诛杀其一门三十二人。李渊为西魏八大柱国李虎之孙，世仕周隋为重臣，其门族之盛，亦不亚于李金才，夏侯端以"金才既诛，明公岂非其次"打动李渊，宜乎李渊"深然其言"也。据此，可见李渊在河东时，已萌叛隋之念，其所以未即举发者，特以时机尚未成熟耳。

八月，炀帝至北塞，突厥始毕可汗阴谋袭帝，帝得报，驰入雁门。

---

[1] 金才：李浑，字金才，隋右骁卫大将军，郕国公。以门族强盛，为隋炀帝所忌。大业十一年三月被杀。一门三十二人，皆死。

突厥围之，李渊率兵赴援。李渊子世民应募从军，隶屯卫将军云定兴。九月，围解。

秋，八月，乙丑，帝巡北塞。……戊辰，始毕帅骑数十万谋袭乘舆，义成公主[1]先遣使者告变。壬申，车驾驰入雁门[2]，齐王暕以后军保崞县。癸酉，突厥围雁门，上下惶怖，撤民屋为守御之具……昼夜拒战，死伤甚众。甲申，诏天下募兵。守令竞来赴难，李渊之子世民，年十六，应募隶屯卫将军云定兴。……帝遣间使求救于义成公主，公主遣使告始毕云："北边有急。"东都及诸郡援兵亦至忻口[3]，九月甲辰，始毕解围去。（《通鉴》卷一八二大业十一年）

炀帝自楼烦远至雁门，为突厥始毕所围，事甚平城之急[4]，赖太原兵马及帝所征兵，声势继进，故得解围，仅而获免。（《大唐创业起居注》卷一）

大业十二年，李渊代樊子盖镇压绛郡敬盘陀、柴保昌率领的农民起义军。

〔大业十一年九月〕丁未，车驾还至太原。……冬，十月，壬戌，

---

[1] 义成公主：隋宗室女，嫁突厥启民可汗。启民死，从突厥妻后母之俗，再嫁始毕可汗。
[2] 雁门：今山西代县。
[3] 忻口：在今山西忻县北。
[4] 平城之急：指汉高祖被匈奴围于平城事。

帝至东都……十二月，庚寅（当作庚辰），诏民部尚书樊子盖发关中兵数万击绛贼敬盘陀等。子盖不分臧否，自汾水之北，村坞尽焚之，贼有降者皆阬之；百姓怨愤，益相聚为盗。诏以李渊代之。（《通鉴》卷一八二大业十一年）

〔大业十一年十二月〕庚辰，诏民部尚书樊子盖发关中兵讨绛郡[1]贼敬盘陀、柴保昌等，经年不能克。……〔十二年〕秋七月，壬戌，民部尚书光禄大夫济北（当作济景）公樊子盖卒。（《隋书》卷四《炀帝纪》）

十一年，从驾汾阳宫，至于雁门。车驾为突厥所围，频战不利，帝欲以精骑溃围而出，子盖谏……其后援兵稍至，虏乃引去……从驾还东都。时绛郡贼敬盘陀、柴保昌等阻兵数万，汾晋苦之，诏令子盖进讨。于时人物殷阜，子盖善恶无所分别，汾水之北，村坞尽焚之，百姓大骇，相率为盗；其有归首者，无少长悉坑之，拥数万之众，经年不能破贼。有诏征还。又将兵击宜阳[2]贼，以疾停，卒于京第。（《隋书》卷六三《樊子盖传》）

【按】大业十一年夏秋，樊子盖随隋炀帝往汾阳宫至于雁门，十月始返东都。是十二月庚辰受命镇压绛郡起义军，自属可信。《通鉴》以李渊代樊子盖事系于大业十一年末，盖以无确定月日可考，故因樊子盖镇压起义军失败事连带叙及。大业十一年十二月己未朔，

---

[1] 绛郡：治所在今山西新绛县。
[2] 宜阳：在今河南宜阳县东。

庚辰是二十二日，岂有数日之间，即以樊子盖镇压无功，遽行撤换之理？《隋书》《炀帝纪》及《樊子盖传》俱云"经年不能克"，是李渊之代子盖，事在大业十二年甚明。又樊子盖自绛郡征还，复将兵击宜阳起义军，以疾停，至大业十二年七月壬戌（八日）死，则李渊受命镇压绛郡起义军，当在大业十二年上半年。

突厥侵边，炀帝命李渊率太原部兵马与马邑郡守王仁恭击之。渊选善骑射者二千人，使之饮食居止，一如突厥，前后屡捷。

〔炀帝〕仍幸江都宫，以帝地居外戚，赴难应机，乃诏帝率太原部兵马与马邑[1]郡守王仁恭北备边朔。帝不得已而行，窃谓人曰："匈奴为害，自古患之，周秦及汉魏，历代所不能攘，相为劲敌者也。今上甚悼塞虏，远适江滨，反者多于蝟毛，群盗所在蜂起，以此击胡，将求以济，天其或者殆以俾余。我当用长策以驭之，和亲而使之，令其畏威怀惠，在兹一举。"既至马邑，帝与仁恭两军兵马不越五千余人，仁恭以兵少甚惧。帝知其意……乃简使能骑射者二千余人，饮食居止，一同突厥，随逐水草，远置斥堠，每逢突厥候骑，旁若无人，驰骋射猎，以耀威武。帝尤善射，每见走兽飞禽，发无不中。尝卒与突厥相遇，骁锐者为别队，皆令持满，以伺其便。突厥每见帝兵，咸谓以其所为，疑其部落有引帝而战者，常不敢当，辟易而去。如此再三，众心乃安，咸思奋击。帝知众欲决战，突厥畏威，后与相逢，

---

[1] 马邑：今山西朔县。

纵兵击而大破之，获其特勤所乘骏马，斩首数百千级。自尔厥后，突厥丧胆，深服帝之能兵，收其所部，不敢南入。（《大唐创业起居注》卷一）

〔大业十二年七月〕甲子，幸江都宫。（《隋书》卷四《炀帝纪》）

突厥数寇北边。诏晋阳留守李渊帅太原道兵与马邑太守王仁恭击之。时突厥方强，两军众不满五千，仁恭患之。渊选善骑射者二千人，使之饮食舍止一如突厥，或与突厥遇，则伺便击之，前后屡捷，突厥颇惮之。（《通鉴》卷一八三大业十二年末）

【按】《大唐创业起居注》《册府元龟·帝王部·创业门》及新纪俱以李渊受命与王仁恭合力备边事系于为太原留守前，独《通鉴》云："突厥数寇北边，诏晋阳（太原）留守李渊帅太原道兵，与马邑太守王仁恭击之"，疑误。

是岁，李渊为右骁卫将军，复受命为太原留守。虎贲郎将王威、虎牙郎将高君雅副之。

十二年，迁右骁卫将军。十三年，为太原留守，郡丞王威、武牙郎将高君雅为将。（《旧唐书》卷一《高祖纪》）

十三年，拜太原留守。（《新唐书》卷一《高祖纪》）

诏以右骁卫将军唐公李渊为太原留守，以虎贲郎将王威、虎牙郎将高君雅为之副。（《通鉴》卷一八三大业十二年末）

十三年，敕帝为太原留守，仍遣兽贲郎将王威、兽牙郎将高君

雅为副。(《大唐创业起居注》卷一)

【按】新旧纪俱云,大业十三年,渊拜太原留守。今按渊为留守后,除击败甄翟儿外,尚有突厥数侵马邑,李渊遣高君雅率兵赴援,君雅与王仁恭为突厥所败,败讯至江都,炀帝两度遣使自江都至太原,李渊使刘文静诈为敕书诸事。凡此均与王仁恭及马邑情势有关,应在王仁恭死于马邑事变以前。王仁恭之死在大业十三年二月己丑,即二月八日。若渊于十三年始为太原留守,则上述诸事皆发生于一月左右之时间内,以当日情势度之,恐无此可能。《大唐创业起居注》所记年月多有讹误,大抵不外二类。其一为原书本不严谨,如以炀帝幸汾阳宫与幸江都宫系于同一年内,即是其例。其二为传抄致讹,如书中两书大业十三年,其后一处为"十三年岁在丁亥(当作丁丑)正月丙子夜",以下即按月日纪事,可知其前一"十三年",实为大业十二年之讹。而更前之"十二年"亦为十一年之讹。依此,则知上述诸事,除刘文静诈为敕书一事应在大业十三年以外,余皆为大业十二年事。

甄翟儿率领农民军进入西河郡,李渊与王威率军败之。

〔大业十一年,二月〕丙子,上谷[1]人王须拔反,自称漫天王,国号燕,贼帅魏刁儿自称历山飞,众各十余万,北连突厥,南寇

---

[1] 上谷:郡治在今河北易县。

赵[1]。……〔五月〕癸卯，贼帅司马长安破西河郡[2]。……十一月乙卯，贼帅王须拔破高阳郡[3]。……〔十二年四月〕癸亥，魏刁儿所部将甄翟儿复号历山飞，众十万，转寇太原。将军潘长文讨之，反为所败。……〔十二月〕唐公破甄翟儿于西河，虏男女数千口。（《隋书》卷四《炀帝纪》）

〔大业〕十三年，拜太原留守，击高阳历山飞贼甄翟儿于西河，破之。（《新唐书》卷一《高祖纪》）

《通鉴考异》：新、旧《唐书》本纪皆云"十三年，拜太原留守"。新书仍云"击高阳历山飞贼甄翟儿于西河，破之"。今从隋帝纪。（大业十二年）

时有贼帅王漫天别党众逾数万，自号历山飞，结营于太原之南境上党[4]、西河，京都道路断绝。炀帝后十三年，敕帝为太原留守……既而历山飞众数不少，劫掠多年，巧于攻城，勇于力战。南侵上党，已破将军慕容、将军罗侯之兵；北寇太原，又斩将军潘长文首，频胜两将，所向无前。于是帝率王威等及河东、太原兵马往讨之，于河西（当作西河）雀鼠谷[5]口与贼相遇。贼众二万余人。帝时所统步骑才五六千而已。威及三军，咸有惧色，**帝笑而谓威等曰**："此辈

---

[1] 赵：今河北赵县。

[2] 西河郡：治所在今山西省汾阳县。

[3] 高阳郡：隋炀帝大业九年改博陵为高阳郡，治所在今河北定县。

[4] 上党：今山西长治县。

[5] 雀鼠谷：在隋西河郡内，今山西介休、灵石之间。

群盗，惟财是视。频恃再胜，自许万全。斗力而取，容未能克。以智图之，事无不果。所忧不战，战必破之，幸无忧也。"须臾，贼阵齐来，十许里间，首尾相继。去帝渐近，帝乃分所将兵为二阵，以羸兵居中，多张幡帜，尽以辎重继后，从旌旗鼓角，以为大阵。又以麾下精兵数百骑，分置左右队为小阵。军中莫识所为。及战，帝遣王威领大阵居前，旌旗从。贼众遥看，谓为帝之所在，乃帅精锐，竞来赴威。及见辎驮，舍鞍争取，威怖而落马，从者挽而得脱。帝引小阵左右二队，大呼而前，夹而射之。贼众大乱，因而纵击，所向摧陷，斩级获生，不可胜数。而余贼党老幼男女数万人并来降附。于是郡境无虞。（《大唐创业起居注》卷一）

【按】《通鉴》以击败甄翟儿事系于大业十二年末，盖以无确定日期可稽，故依例系于是岁之末，隋纪所纪，疑亦同此。

突厥知李渊已还太原，北边兵力寡弱，屡侵马邑，李渊遣高君雅领兵与王仁恭合力御之，为突厥所破。

突厥知帝已还太原，仁恭独留无援，数侵马邑。帝遣副留守高君雅将兵，与仁恭并力拒之。仁恭等违帝指纵，遂为突厥所败。（《大唐创业起居注》卷一）

会突厥寇马邑，渊遣高君雅将兵与马邑太守并力拒之，仁恭、君雅战不利。（《通鉴》卷一八三义宁元年四月）

《通鉴》胡注：按王仁恭是年春已死，此必去年，史序李渊起兵来历及之。

炀帝以马邑失利，遣使执渊及仁恭送江都治罪，继又遣使驰驿赦之，使各复旧任。

> 既而隋主远闻，以帝与仁恭不时捕虏，纵为边患，遂遣司直驰驿，系帝而斩仁恭。……尔后数日，果有诏使驰驿而至，释帝而免仁恭，各依旧检校所部。（《大唐创业起居注》卷一）

> 帝以渊与王仁恭不能御寇，遣使者执诣江都。……会帝继遣使者驰驿赦渊及仁恭……（《通鉴》卷一八三义宁元年）

> 《通鉴考异》：《创业注》曰："隋主遣司直姓名驰驿系帝而斩仁恭。……乃后数日，果有诏使驰驿而至。释渊而免仁恭，各依旧检校所部。"按炀帝若有诏斩仁恭，则此后使之至，仁恭已死矣。……今皆不取。（义宁元年四月）

【按】前此炀帝治鱼俱罗、吐万绪、董纯之罪，皆执送东都或征诣所在，其治李渊及王仁恭之罪宜与同例。《通鉴考异》之说，是。

【又按】是年冬，瓦岗起义军获得重大进展。十月庚戌（二十七日），隋名将荥阳通守张须陀战死，河南郡县为之丧气，东都形势紧张。在这种情势下，隋炀帝有改变旧日严办统将政策之可能。依前后史实推校，隋炀帝系渊释渊，亦似约略与此同时。疑炀帝之赦免李渊，与当日河南战事发展之形势有关。

在渊为太原留守期间，鹰扬府司马太原许世绪、行军司铠参军文水武士彟，前太子左勋卫唐宪、宪弟俭，皆劝渊举兵，李渊子世民亦曾有此请。大业十二年冬，瓦岗军取得重大胜利，东都形势紧张，李渊叛隋的时机已经成熟。及遭囚系遇赦之后，遂定计叛隋。

及留守晋阳，鹰扬府司马太原许世绪说渊曰："公姓在图箓，名应歌谣；据五郡[1]之兵，当四战之地，举事则帝业可成，端居则亡不旋踵；唯公图之。"行军司铠文水武士彟、前太子左勋卫唐宪、宪弟俭皆劝渊举兵。俭说渊曰："明公北招戎狄，南收豪杰，以取天下，此汤、武之举也。"渊曰："汤、武非所敢拟，在私则图存，在公则拯乱。卿姑自重，吾将思之。"宪，邕之孙也。时建成、元吉尚在河东，故渊迁延未发。（《通鉴》卷一八三义宁元年）

帝〔既被系〕自以姓名著于图箓，太原王者（当作气）所在，虑被猜忌，因而祸及，颇有所晦。时皇太子在河东，独有秦王侍侧耳，谓王曰："隋历将尽，吾家继膺符命，不早起兵者，顾尔兄弟未集耳。今遭羑里之厄[2]，尔昆季须会盟津之师[3]，不得同受孥戮，家破身亡，为英雄所笑。"王泣而启帝曰："芒砀山泽，是处容人。请同汉祖，以观时变。"帝曰："今遇时来，逢兹锢絷，虽睹机变，何能为也。然天命有在，吾应会昌，未必不以此相启。今吾励谨，当敬天之诚，

---

[1] 五郡：《通鉴》胡注："五郡，谓太原、雁门、马邑、楼烦、西河。"

[2] 羑里之厄：商纣囚周文王于羑麦里。

[3] 盟津之会：盟津，即孟津。周武王伐纣，会诸侯于此。

以卜兴亡。自天佑吾，彼焉能害，天必亡我，何所逃刑。"尔后数日，果有诏使驰驿而至，释帝而免仁恭，各依旧检校所部。……帝时方卧，闻而惊起，执〔温〕彦弘手而笑曰："此后余年，实为天假。"退谓秦王曰："吾闻惟神也不行而至，不疾而速。此使之行，可谓神也。天其以此使促吾，当见机而作。"雄断英谟，从此遂定。帝素怀济世之略，有经纶天下之心，接待人伦，不限贵贱，一面相遇，十数年不忘。山川冲要，一览便忆。远近承风，咸思托附。仍命皇太子于河东潜结英俊，秦王于晋阳密招豪友。太子及王俱禀圣略，倾财赈施，卑身下士。逮乎鬻缯博徒，监门厮养，一技可称，一艺可取，与之抗礼，未尝云倦。故得士庶之心，无不至者。（《大唐创业起居注》卷一）

【按】《大唐创业起居注》修于武德时，其中有关晋阳起兵密谋的记载，以李渊为元谋，而李世民则仅在李渊被系时，提出逃亡山泽，以观时变的幼稚见解。至李世民在太原密招豪友一事，亦系承父之命。《通鉴》、新旧唐书高祖、太宗本纪，裴寂、刘文静等传，《册府元龟·帝王部·创业门》等，均取材于贞观时由房玄龄监修之《高祖实录》《太宗实录》，其所记晋阳起兵之事，则以始创唐家基业之功归之于李世民，甚至谓李渊初闻其计，惊惶失措，至欲执世民以告县官。其实此前窦抗、夏侯端等均曾劝李渊举兵，而李渊始以"无为祸始"为言，婉拒窦抗；继则深然夏侯端之说，断无于数年之后，欲以发叛隋之言为罪状执其亲子送官之理，是此为贞观史臣虚美太宗之记录，断无可疑。又史籍中李渊"化家为国亦繇汝"一语，至为重要。盖李世民杀兄逼父，夺取皇位，非以"化家为国"之功归之，则不足说明其取得皇位之合法性。

【又按】李渊久蓄叛隋之心而长期迁延不发，其故在等待时机。河东、太原皆隋之军事重镇，密迩东都洛阳及西京长安。如果从此二地发动地方政变，势必要引起隋炀帝的极大重视，把隋的大军吸引过来。大业九年杨玄感之失败，自宜为李渊视作前车之鉴。大业十一年，农民起义军虽有重大进展，但尚未取得决定性胜利。大业十二年，隋炀帝调整了镇压农民起义军的军事部署，一方面，亲率一部分中央禁军到江都镇压，另一方面，调回大批进攻高丽的部队，交由杨义臣等带领，在山东、河北一带疯狂镇压农民军。在这一部署下，从河北直到淮南，起义军都暂时处于不利地位。因此，在大业十二年冬季以前，李渊仍不敢有所作为。大业十二年冬，瓦岗军攻破要塞金堤关，打下荥阳郡诸属县，并一举击溃宿将张须陀带领的劲旅。由是，农民起义军由被动转为主动，占据优势地位。由于瓦岗军牵制住东都一带的隋军主力，从太原起兵的时机渐形成熟，而太原一带的地主、富豪许世绪、武士彟、唐俭等认为隋室已无可为，故纷纷劝说李渊抓紧时机，尽速举事，以夺取农民起义胜利果实。李世民当亦在此时与李渊密谋叛隋，并笼络太原官吏裴寂、刘文静及背征三侍刘弘基、长孙顺德等人，以为起事之准备。此时炀帝囚捕李渊，更使李渊定立反隋决心。《大唐创业起居注》所书"雄断英谟，从此遂定"，当可视为实录。

大业十三年，李渊使刘文静诈为敕书，发太原、西河、雁门、马邑诸郡民年二十以上，五十以下悉为兵，定于年终集涿郡击高丽。由是，人情恟恟，准备起而反隋的日益增多。

刘文静谓裴寂曰："先发制人，后发制于人。何不早劝唐公举兵，而推迁不已！且公为宫监，而以宫人侍客，公死可尔，何误唐公也！"寂甚惧，屡趣渊起兵。渊乃使〔刘〕文静诈为敕书，发太原、西河、雁门、马邑民年二十已上五十已下悉为兵，期岁暮集涿郡，击高丽，由是人情恟恟，思乱者益众。（《通鉴》卷一八三义宁元年）

【按】李渊被囚，似在大业十二年十一月或十二月，此时若诈为敕书，而云"期岁暮而集涿郡"，则为时太促，不合情理。又李靖之告密，王仁恭之被杀，似亦与此有关。故知在十三年初。

马邑郡丞李靖觉察李渊的阴谋，要到江都告密，至长安，以道塞不通而止。

大业末，累除马邑郡丞，会高祖击突厥于塞外。〔李〕靖察高祖，知有四方之志，因自锁上变，将诣江都，至长安道塞不通而止。（《旧唐书》卷六七《李靖传》）

《通鉴》考异：柳芳《唐历》及《唐书》靖传云："高祖击突厥于塞外。靖察高祖，知有四方之志，因自锁上变，将诣江都，至长安，道塞不通而止。"按，太宗谋起兵，高祖尚未知，知之犹不从。当击突厥之时，未有异志，靖何从察知之。又上变当乘驿取疾，何为自锁也。今依靖行状云："昔在隋朝，曾经忤旨。及兹城陷，高祖追责旧言。公慷慨直论，特蒙宥释。"但行状题云魏征撰，非也。按征以贞观十七年卒，靖二十三年乃卒，盖后人为之，托征名。又叙事极怪诞无取，唯此可为据耳。

【按】李渊北击突厥于马邑，事在为太原留守以前，不仅其时反隋形迹未露，且李密尚未"围逼东都"，亦不得云"道塞不通"。故疑李靖之上变，实由李渊诈为敕书，在马邑一带进行煽动所引起。李靖所以自锁者，李渊为太原留守，握五郡之兵，马邑是其所属。以属吏告官谋反，故以有罪自居也。诈为敕书，疑是在年初，李密围逼东都，在是年二月，故李靖"将诣江都，至长安，道塞不通而止"。作如是解，则与当时形势，若合符契。

二月己丑，马邑校尉刘武周杀太守王仁恭，举兵反隋。

马邑太守王仁恭，多受货赂，不能振施。郡人刘武周，骁勇喜任侠，为鹰扬府校尉。仁恭以其土豪，甚亲厚之，令帅亲兵屯阁下。武周与仁恭侍儿私通，恐事泄，谋作乱，先宣言曰："今百姓饥馑，僵尸满道，王府君闭仓不赈恤，岂为民父母之意乎！"众皆愤怒。武周称疾卧家，豪杰来候问，武周椎牛纵酒，因大言曰："壮士岂能坐待沟壑！今仓粟烂积，谁能与我共取之？"豪杰皆许诺。已丑，仁恭坐听事，武周上谒，其党张万岁等随入，升阶，斩仁恭，持其首出徇，郡中无敢动者。于是开仓以赈饥民，驰檄境内属城，皆下

之，收兵得万余人。武周自称太守，遣使附于突厥。(《通鉴》卷一八三义宁元年)

三月丁卯，刘武周袭破楼烦郡，进取汾阳宫，突厥立武周为定杨可汗。武周又引兵围雁门，经百余日，城中食尽，遂降。

雁门郡丞河东陈孝意与虎贲郎将王智辩共讨刘武周，围其桑干镇[1]。壬寅，武周与突厥合兵击智辩，杀之；孝意奔还雁门。三月，丁卯，武周袭破楼烦郡，进取汾阳宫，获隋宫人，以赂突厥始毕可汗；始毕以马报之，兵势益振，又攻陷定襄[2]。突厥立武周为定杨可汗，遣以狼头纛。武周即皇帝位，立妻沮氏为皇后，改元天兴。以卫士杨伏念为尚书左仆射，妹婿同县苑君璋为内史令。武周引兵围雁门，陈孝意悉力拒守，乘间出击武周，屡破之；既而外无救援，遣间使诣江都，皆不报。孝意誓以必死，旦夕向诏敕库俯伏流涕，悲动左右。围城百余日，食尽，校尉张伦杀孝意以降。(《通鉴》卷一八三义宁元年)

四月，李渊以备御讨刘武周为名，在取得王威、高君雅同意后，命

---

[1] 桑干镇：在今山西山阴县南。

[2] 定襄：《通鉴》胡注云："炀帝改云州为定襄郡。"今按，隋定襄郡即云州，治大利城，自隋文帝后，即为突厥所居，刘武周不容有击取定襄之事。疑此定襄乃汉末所置，北齐所废，唐武德中复置之定襄县，即今山西定襄。

李世民、刘文静、长孙顺德、刘弘基等各募兵，旬日间得数千人。又密遣人召其子李建成、李元吉于河东，婿柴绍于长安。

二月，己丑，马邑军人刘武周杀太守王仁恭，据其郡而自称天子，国号定杨。武周窃知炀帝于楼烦筑宫厌当时之意，故称天子，规以应之。帝闻而叹曰："顷来群盗遍于天下，攻略郡县，未有自谓王侯者焉。而武周竖子，生于塞上，一朝炊起，轻窃大名，可谓陈涉狐鸣，为沛公驱除者也。"然甚欲因此起兵，难于先发。私谓王威、高君雅等曰："武周虽无所能，僭称尊号，脱其进入汾源宫[1]，我辈不能剪除，并当灭族矣！"雅大惧，固请集兵。帝察威等情切，谬谓之曰："待据楼烦，可微为之备。宜示宽闲，以宁所部。"三月丁卯，武周南破楼烦郡，进据汾源宫。帝谓官僚曰："兵可戒严，城可守备，粮可赈给，三者当今废一不可，须预部分，惟诸公断之。"威等计无所出，拜而请帝曰："今日太原士庶之命悬，在明公。公以为辞，孰能预此。"帝知众情归己，乃更从容谓之曰："朝廷命将出师，皆禀节度，未有阃外敢得专之。贼据离宫，自称天子，威福赏罚，随机相时。以此攻城，何城不克。汾源去此数百里间，江都悬隔三千余里。关河襟带，他贼据之。闻奏往来，还期莫测。以婴城胶柱之兵，当巨猾豕突之势，谘文人以救火，其可扑灭乎！公等国之爪牙，心如铁石，欲同戮力以除国难，公家之利，见则须为，俾其无猜，期于报效。所以询议，择善行之，是非悍于治兵，敢辞

---

[1] 汾源宫：即汾阳宫。

戎首。"威等对曰:"公之明略,远近备知,地在亲贤,与国休戚。公不竭力,谁尽丹诚。若更逡巡,群情疑骇。"帝若不得已而从之,众皆悦服,欢而听命。帝以王威兼任太原郡丞,为人清恕,令与晋阳宫监裴寂相知检校仓粮,赈给军户口。高君雅尝守高阳,得无失脱,遣巡行城池及捍御器械。以兵马铠仗、战守事机,召募劝赏,军民征发,皆须决于帝。太原左近闻帝部分募兵备边,所在影赴,旬日之顷,少长得数千人。兵司总帐以闻,请安营处。帝指兴国寺曰:"勤王之师,不谋而至,此其兴国者焉。宜于此寺安处。"恐威、雅猜觉,亦不之阅问。私谓秦王等曰:"纪纲三千,足成霸业,处之兴国,可谓嘉名。"仍遣密使往蒲州,催追皇太子等。(《大唐创业起居注》卷一)

及刘武周据汾阳宫,世民言于渊曰:"大人为留守,而盗贼窃据离宫,不早建大计,祸今至矣!"渊乃集将佐谓之曰:"武周据汾阳宫,吾辈不能制,罪当族灭,若之何?"王威等皆惧,再拜请计。渊曰:"朝廷用兵,动止皆禀节度,今贼在数百里内,江都在三千里外,加以道路险要,复有他贼据之;以婴城胶柱之兵,当巨猾豕突之势,必不全矣。进退维谷,何为而可?"威等皆曰:"公地兼亲贤,同国休戚,若俟奏报,岂及事机;要在平贼,专之可也。"渊阳若不得已而从之者,曰:"然则先当集兵。"乃命世民与刘文静、长孙顺德、刘弘基等各募兵,远近赴集,旬日间近万人,仍密遣使召建成、元吉于河东,柴绍于长安。(《通鉴》卷一八三义宁元年)

五月癸亥夜,李渊命李世民等率所募兵五百人伏于晋阳宫外以自备。

次日，使刘文静引开阳府司马眅城刘政会，告王威、高君雅私通突厥，收威等系狱。丙寅，突厥侵入晋阳，渊斩王威、高君雅以徇。

大业末，〔刘世龙〕为晋阳乡长，高祖镇太原，裴寂数荐之，由是甚见接持。亦出入王威、高君雅家，然独归心于高祖。义兵将起，威与君雅内怀疑贰，世龙辄探得其情，以白高祖。（《旧唐书》卷五七《刘世龙传》）

及义兵将起，高祖募人，遣刘弘基、长孙顺德等分统之。王威、高君雅阴谓士彟曰："弘基等皆背征三卫，所犯当死，安得领兵？吾欲禁身推覈。"士彟曰："此并唐公之客也，若尔，便大纷纭。"威等由是疑而不发。留守司兵田德平又欲劝威等鞫问募人之状，士彟谓德平曰："讨捕之兵，总隶唐公，王威、高君雅等，并寄坐耳，彼何能为！"德平遂止。义旗起，以士彟为大将军府铠曹。从平京城，功拜光禄大夫，封太原郡公。初，义师将起，士彟不预知，及平京师，乃自说云："尝梦高祖入西京，升为天子。"高祖哂之曰："汝王威之党也。以汝能谏止弘基等，微心可录，故加酬效；今见事成，乃说迂诞而取媚也？"（《旧唐书》卷五八《武士彟传》）

田德平，太原晋阳人，隋末补鹰扬府正。高祖留守太原引为兵（当作司兵），大蒙任寄。（《册府元龟》卷七六六《总录部·攀附门》）

王威、高君雅见兵大集，疑渊有异志，谓武士彟曰："顺德、弘基皆背征三侍，所犯当死，安得将兵！"欲收按之。士彟曰："二人皆唐公客，若尔，必大致纷纭。"威等乃止。留守司兵田德平欲劝威等按募人之状，士彟曰："讨捕之兵，悉隶唐公，威、君雅但寄坐耳，彼何能为。"德平亦止。晋阳乡长刘世龙密告渊云："威、君雅欲因晋祠祈雨，为不利。"五月，癸亥夜，渊使世民伏兵于晋阳宫城之外。甲子旦，渊与威、君雅共坐视事，使刘文静引开阳府司马胝城刘政会入立庭中，称有密状。渊目威等取状视之，政会不与，曰："所告乃副留守事，唯唐公得视之。"渊阳惊曰："岂有是邪。"视其状，乃云："威、君雅潜引突厥入寇。"君雅攘袂大诟曰："此乃反者欲杀我耳！"时世民已布兵塞衢路，文静因与刘弘基、长孙顺德等共执威、君雅系狱。丙寅，突厥数万众寇晋阳，轻骑入外郭北门，出其东门。渊命裴寂等勒兵为备，而悉开诸城门，突厥不能测，莫敢进。众以为威、君雅实召之也，渊于是斩威、君雅以徇。（《通鉴》卷一八三义宁元年）

初，帝遣兽牙郎将高君雅与马邑守王仁恭防遏突厥，雅违帝旨，失利而还。帝恐炀帝有责，便欲据法绳雅。雅是炀帝旧左右，虑被猜嫌，忍而弗问。雅性庸佷，不知惭屈。帝甚得太原内外人心，瞻仰龙颜，疑有异志。每与王威密伺帝镖。有乡长刘〔世〕龙者，晋阳之富人也。先与宫监裴寂引之谒帝，帝虽知其微细，亦接待之，以招客。君雅又与〔世〕龙相善，〔世〕龙感帝恩眄，窃知雅等密意，具以启闻。帝谓龙曰："此辈下愚，暗于时事，同恶违众，必自毙也。然卿能相报，深有至诚，幸勿有多言，我为之所。"夏，五月，癸亥夜，帝遣长孙顺德、赵文恪等率兴国寺所集兵五百人，总取秦王部分，伏于晋阳宫城东门之左以自备。甲子旦，命晋阳县令刘文静异开阳府司马刘正会，辞告高君雅、王威等与北蕃私通，引突厥南寇。帝集文武官僚收威等系狱。丙寅，而突厥数万骑抄逼太原，入自罗郭北门，取东门而出。帝分命裴寂、文静等守备诸门，并令大开，不得辄闭，而城上不张旗帜。守城之人，不许一人外看，亦不得高声，示以不测。众咸莫知所以。仍遣首贼帅王康达率其所部千余人，与志节府鹰扬郎将杨毛等，潜往北门隐处设伏，诫之："待突厥过尽，抄其马群，拟充军用。"然突厥多，帝登宫城东南楼望之，旦及日中，骑尘不止。康达所部，并是骁锐，勇于抄劫。日可食时，谓贼过尽，出抄其马。突厥前后夹击，埃尘涨天，逼临汾河。康达等既无出力，并坠汾而死，唯杨毛等一二百人浮而得脱。城内兵数无几，已丧千人。军民见此势，私有危惧，皆疑王威、君雅召而至焉，恨之愈切。帝神色自若，欢甚于常，顾谓官僚曰："当今天下贼盗，十室而九，称帝图王，专城据郡。孤荷文皇殊宠，思报厚恩，欲与诸贤立功王室。适欲起兵，威、雅沮众，深相猜忌，密构异谋，欲加之罪，疑其私通境外。岂谓系之二日，突厥果入太原。此殆天心为孤罚罪，非天意也，何从而至？天既为孤遣来，还应为孤令去。彼若不出，当为诸军遣之，无为虑也。"（《大唐创业起居注》卷一）

六月己卯，李建成等至晋阳。

六月，己卯，李建成等至晋阳。（《通鉴》卷一八四义宁元年）

李渊以尊炀帝为太上皇，立代王侑为帝作号召，移檄郡县。西河郡不从命。甲申，渊使建成、世民领所募兵击西河。已丑，拔之。

刘文静劝李渊与突厥相结，资其士马以益兵势。渊从之，自为手启，卑辞厚礼，遗始毕可汗云："欲大举义兵，远迎主上，复与突厥和亲，如开皇之时。若能与我俱南，愿勿侵暴百姓；若但和亲，坐受宝货，亦唯可汗所择。"始毕得启，谓其大臣曰："隋主为人，我所知也。若迎以来，必害唐公而击我无疑矣。苟唐公自为天子，我当不避盛暑，以兵马助之。"即命以此意为复书。使者七日而返，将佐皆喜，请从突厥之言，渊不可。裴寂、刘文静皆曰："今义兵虽集而戎马殊乏，胡兵非所须，而马不可失；若复稽回，恐其有悔。"渊曰："诸君宜更思其次。"寂等乃请尊天子为太上皇，立代王为帝，以安隋室，移檄郡县；改易旗帜，杂用绛白，以示突厥。渊曰："此可谓'掩耳盗钟'，然逼于时事，不得不尔。"乃许之，遣使以此议告突厥。西河郡不从渊命，甲申，渊使建成、世民将兵击西河；命太原令太原温大有与之偕行，曰："吾时年少，以卿参谋军事；事之成败，当以此行卜之。"时军士新集，咸未阅习，建成、世民与之同甘苦，遇敌则以身先之。近道菜果，非买不食，军士有窃之者，辄求其主偿之，亦不诘窃者，军士及民皆感悦。至西河城下，民有欲入城者，皆听其入。郡丞高德儒闭城拒守，己丑，攻拔之。执德儒至军门，世民数之曰："汝指野鸟为鸾，以欺人主，取高官，吾兴义兵，正为诛佞人耳！"遂斩之。自余不戮一人，秋毫无犯，各尉抚使复业，远近闻之大悦。建成等引兵还晋阳，往返凡九日。渊喜曰："以此行兵，虽横行天下可也。"遂定入关之计。（《通鉴》卷一八四义宁元年）

【按】太原副留守王威、高君雅为隋炀帝亲信，与李渊素不同心，且在晋阳具有一定影响，如武士彟、田德平、刘世龙等均曾游移于李渊与王威之间。是以李渊欲从晋阳起兵反隋，必须扫除此一障碍。李世民在晋阳密召豪友，对于李渊发展私人力量，固有一定作用，然此为秘密活动，联络面过广则易被察觉，联络面稍狭，又不能完成控制晋阳大城之任务。因而，李渊进一步采用了诈为敕书发兵的办法。其目的是在晋阳附近制造紧张局势，以便寻找机缘消灭其政敌。

唐室之克定关中

杨隋承袭西魏、北周之遗业，仍旧施行关陇本位政策，不独续置都城于长安，以临制山东江左，且更集中兵府于王畿，借收居重驭轻之效，是故李唐既得速据三秦，遂能独成帝业。此陈寅恪师已于其所著《唐代政治史述论稿·政治革命及党派分野》篇之首节阐明之矣，然于此尚有一可注意之点，即唐高祖何以独能骤占斯区，因之以奠定其三百年皇室之基础是也。此点殆为一枝节问题，故为寅恪师书中所不及。钱于兹节所论者，不过唾余之物耳，既未能特有发明，尤不敢自谓可以佐辅寅恪师之说也。

唐室初起于太原，其时北有刘武周盘踞恒朔，而与突厥相连，东南则有李密窥伺而与隋兵对峙。其刘武周所据之地既与太原壤土相连，而突厥复为周、齐以来最强之外患，故连和突厥一事，其成否端为高祖兴甲晋阳成败之所系，兹先于此一为申述焉。

温大雅《大唐创业起居注》卷一云：

（大业十三年）二月己丑，马邑军人刘武周杀太守王仁恭，据其郡，而自称天子，国号定杨。（略）三月丁卯，武周南破楼烦郡，进据汾源宫。

同上：

（五月）己亥〔己巳？〕（突厥）夜潜遁。明旦，城外觇人驰报，帝曰："我知之矣。"（略）即立自手疏与突厥。（略）仍命封题，署云某启。所司报请云："突厥不识文字，惟重货财，愿加厚遗，改启为书。"帝笑而谓请者曰："何不达之深也。自顷离乱，亡命甚多，走胡奔越，书生不少，中国之礼，并在诸夷。我若敬之，彼仍未信，如有轻慢，猜虑愈深。古人云：'屈于一人之下，伸于万人之上。'（略）此非卿等所及。"乃遣使者驰驿送启。始毕得书，大喜。（谓）其部达官等曰："（略）唐公自作天子，我则从行。（略）"当日即以此意作书报帝。（略）帝开书叹息久之曰："（略）本虑兵行以后，突厥南侵，屈节连和，以安居者。"（略）（六月）裴寂等乃因太子、秦王等入启，请依伊尹放太甲，霍光废昌邑故事。（略）于是遣使以众议驰报突厥。始毕依旨，即遣其柱国康鞘利、级失、热寒、特勤、达官等，送马千匹，来太原交市，仍许遣兵送帝往西京，多少惟命。（略）丙申，突厥柱国康鞘利等并马而至。（略）丁酉，帝引康鞘利等，礼见于晋阳宫东门之侧舍，受始毕所送书信。帝为貌恭，厚加飨贿。（略）乙巳（己巳？）康鞘利等还蕃，乃命司马刘文静报使，并取其兵。静辞，帝私诫之曰："（略）所防之者，恐武周引为边患。"

《旧唐书》卷五五《刘武周传》（新传同）云：

突厥立武周为定杨可汗，遗以狼头纛。因僭称皇帝，以妻沮氏为皇后。

筱案：高祖称臣于突厥一事，温大雅特以不用书而用启隐约其词之伏，司马光《通鉴考异》隋恭帝义宁元年六月李渊自为手启卑辞厚礼遣始毕可汗条既经摘发于前，陈寅恪师《唐代政治史述论稿·外族盛衰之连环性及外患与内政之关系》篇复加阐述于后，固皆确定不移之论也。细绎温大雅所书高祖报突厥以启，突厥报高祖以书及"帝引康鞘利等，礼见于晋阳宫东门之侧舍，受始毕所送书信。帝伪貌恭"诸点，实已明言其不平等之地位，而高祖"屈于一人之下，伸于万人之上"之语殆尤足显示其事，因为附识如此。所最可注意者，此时刘武周受突厥可汗之号及狼头纛之遗，乃突厥之傀儡政权。苟高祖不屈节称臣，则不足结其欢心；观高祖"我若敬之，彼仍未信，如有轻慢，猜虑愈深"之言可知。而师发晋阳以后，更有隋兵阻其前，突厥共武周议其后，而陷入腹背受敌之虞；据高祖"本虑兵行以启突厥南侵"，"所防之者恐武周引为边患"诸言又可证也。夫刘武周不过为起自边荒之武吏，而高祖乃是驻守方面之大臣，以二者相较，突厥特欲资助唐高祖以释宿憾于隋炀而致中国之内乱，固其宜矣。至于唐高祖之连和突厥尚有求致胡马以资军用之目的一点，前章既已论之，兹不复赘。

唐高祖与刘武周及突厥间之关系既明，今再一论其与李密间之关系。

《大唐创业起居注》卷二（《旧唐书》卷五三《李密传》略同）云：

（大业十三年七月）癸丑，将引帝立军门，仗日旗而大号誓众。（略）是夕，次于清源。（略）己巳，荥阳贼帅李密遣使送款致书，请与帝合从。帝大悦。（略）密以炀帝不来，翟让已死（按，李密杀翟让事在周年十一月戊午，此时尚未死），坐对敖仓，便有自矜之志，作书与帝，以天下为己任，屡有大言，其书多不录，大略云：欲帝为盟津之会。（略）帝览书抵掌，谓所亲曰："密夸诞不达天命，适所以为吾拒东都之兵，守成皋之厄，更觅韩彭，莫如用密。宜卑辞推奖，以骄其志，使其不虞于我，得入关，据薄津而屯永丰，阻崤函而临伊洛，东看群贼鹬蚌之势，吾然后为秦人之渔父矣。"记室承旨，报密书曰："（略）以弟见机而作，一日千里，鸡鸣起舞，豹变先鞭，御宇当涂，聿来中土，兵临郑鄢，将观周鼎，营屯敖仓，酷似汉王。前遣简书，屈为唇齿，今辱来旨，莫我肯顾。（案，《旧唐书·李密传》高祖报李密书此节悉略之）天生蒸民，必有司牧，当今为牧，非子而谁？老夫年逾知命，愿不及此，欣戴大弟，攀麟附翼，惟冀早膺图箓，以宁兆庶，宗盟之长，属籍见容，复封于唐，斯足荣矣。（略）"密得帝书，甚悦，示其部下曰："唐公见推，天下不足定也。"遂注意东都，无心外略。

《隋书》卷七〇《李密传》（《北史》卷六〇、《旧唐书》卷五三、《新唐书》卷八四《李密传》并同）云：

其府掾柳燮（案，旧传作爽，误）对曰："昔盆子归汉，尚食均输，明公与长安宗族有畴昔之遇,虽不陪起义,然而阻东都,断隋归路,使唐国不战而据京师,此亦公之功也。"众咸曰:"然。"密遂归大唐。

钱案:《旧唐书·李密传》于高祖与李密通书连和之事,以为由李密遣使致书而高祖报书云云,与《创业注》所书"荥阳贼帅李密遣使送款致书,请与帝合从","记室承旨,报密书曰"云云相同。细察当时情势,颇觉不合。盖其时虽为李密全盛时期,然密似亦无先致书高祖而以盟主自居之理。考之《通鉴》卷一八四义宁元年七月丙寅下云:

(李)渊以书招李密,密自恃兵强,欲为盟主,使祖君彦复书。(略)(渊)乃使温大雅复书。

此条并有考异曰:

《壶关录》云:"高祖屯寿阳,遣右卫将军张仁则赍书招李密。"《蒲山公传》:"密答书曰:'使至,辱今月十九日书',按《长历》是月己酉朔,十九日丁卯,不应己巳还至霍邑,又发书日不应犹在寿阳。今皆不取。"

其《壶关录》及《蒲山公传》虽于地时二者各不免有所疏误,而高祖先致书李密一点或反为实录也。司马光当时殆尚能见及祖君彦书之全文。或者《通鉴》正文中所书之不同于旧传者即据祖文欤。复考《创业注》中李渊报李密书之全文中实有"前遣简书,屈于唇齿,今辱来旨,莫我肯顾"之语，所以云遣者，必系高祖所遣，始得云尔。司马光倘亦有见于此乎。是知《创业注》李密请与唐室合从之语，乃为浮夸之词。旧传抄袭旧文，并未加以考核，司马光作史极为精审，斯亦为一例证。然则唐祖、魏公之连和，实由神尧先发，乃无可置疑者也。

以时间言，大业十三年六月丙申突厥使臣康鞘利至晋阳，唐室勾结北蕃，实际已告成功。其事在七月癸丑发引兵行以前，而李密使臣之至，已为七月己巳，其事在发引兵行以后。所以然者，唐之初起，以晋阳为根本，易言之，即李唐于南下以后，入关以前，仍以斯地为后方供应之中心是也。是以在此一时期内，晋阳之能否确保，端为其帝业有无成功可能之关键。而前此胡马南牧，曾达太原之郊，武周侵渔，已至忻、岚之境，晋阳实在其威胁之下。是故晋阳之可以确保与否，又必视连和突厥一事之成败而判定。唐之必以始毕之同意为举甲南下之先决条件者，实职此之由也。关于此点，复可据下引史事以佐证之。

《大唐创业起居注》卷二云：

（大业十三年七月）壬戌，霖雨甚，顿营于贾胡堡，去霍邑五十余里。（略）丙寅，突厥始毕使达官、级失、特勤等先报，已遣兵马上道，计日当至。（略）刘文静之使蕃也来迟，而突厥兵马未至，时有流言者云："突厥欲与武周南入，乘虚掩袭太原。"帝集文武官人及大郎、二郎等，而谓之曰："（略）诸公意谓何？"议者以老生、突厥相去不遥，李密谲诳，奸谋难测，突厥见利则行；武周，事胡者也；太原一都之会，义兵家属在焉。愚夫所虑，伏听教旨。帝顾谓大郎、二郎等曰："尔辈如何？"对曰："武周位极而志满,突厥少信而贪利,外虽相附,内实相猜。突厥必欲远离(利)太原,宁肯近亡马邑。武周悉其此势,必未同谋。又朝廷既闻唐国举兵,忧虞不暇,京都留守,特畏义旗,所以骁将精兵,鳞次在近。今若却还,诸军不知其故。更相恐动,必有变生。营之内外皆为勍敌,于是突厥、武周不谋同至;老生、屈突追奔竞来,进阙图南,退穷自北,还无所入,往无所之,畏溺先沉,近于斯失。"

《通鉴》卷一八四义宁元年七月:

雨久不止,渊军中粮乏,刘文静来返,或传突厥与刘武周乘虚袭晋阳;渊召将佐谋北还。(略)(李世民谏)李建成亦以为然。渊不听,促令引发,(略)渊乃悟曰:"军已发,奈何?"世民曰:"右军严而未发,左军虽去,计亦未远,请自追之。"(略)世民乃与建成夜追左军复还。

高祖于获得始毕可汗之同意后而始南下,其后并得突厥已遣助兵上道之报,宜其不复有后顾之忧;而一闻突厥、武周乘虚掩袭晋阳之流言,竟几自为畏溺先沉,退兵北走之愚计,是突厥之意旨、晋阳之安危、义旗之举建三事之因果关系不甚明乎!至于太宗、建成对于当时形势之阐释最为明确,自又不待言矣。而李密之势力则此时方与隋兵相持于东都,更无余力外略;且炀帝尚在人间,复无招诱李密如后此越王侗使其击宇文化及者之可能,对于唐室并无直接之威胁。此高祖不必待其通好而后南下也。

虽然如此，李密之捍御东都、断隋归路，其有助于李唐之速据关中，则为不可忽视之事。何以言之？考隋自开皇九年平陈以来，江南即怀不靖，其初起反抗者虽为杨素等迅速荡平[1]，然岭表益边犹时有岩穴之酋豪继续为变。[2] 及至征辽之役兴，杨玄感之反作，东南各地之豪强遂乘机发难，据郡专城，散而复聚，非旦夕可定矣。[3] 是以隋炀帝之远幸江都，殆不如后世成败观人之论，谓其以娱乐为唯一之原因，而实以镇压南方之变乱为其主要之目的也。[4] 故当时之宿卫精兵，悉屯聚于淮左，而猛将亦多从驾于行在。[5] 苟无李密之捍蔽，则唐室之席卷泾渭必不能甚速。而薛举崛起金城，距京亦近，如能同达长安城下，则天下之事诚未易可知矣。

至于唐室初起之时，其于财力之准备，亦略有可言者。《旧唐书》卷五八《武士彟传》（《新唐书》卷二○六《武士彟传》同）：

---

[1] 见《隋书》卷二《高祖纪》开皇十年十一月条及同书卷四八《杨素传》，卷五三《史万岁传》，卷六四《麦铁杖传》。

[2] 参《隋书》卷二《高祖纪》开皇十七年二月庚子条、七月丁丑条，同书卷四○《王世积传》《虞庆则传》，卷四六《苏孝慈传》，卷五○《郭荣传》，卷五三《刘方传》，卷五五《侯莫陈颖传》，卷五六《令狐熙传》，卷六五《周法尚传》《权武传》，卷六八《何稠传》。

[3] 《隋书》卷四《炀帝纪下》大业九年七月癸未条，八月癸卯条、乙卯条，九月庚辰条、丁酉条，十年六月辛未条，同书卷六四《鱼俱罗传》，卷六五《吐万绪传》，卷七○《刘元进传》，卷八五《王充传》。

[4] 参《隋书,炀帝纪下》大业十年十二月庚寅条，十一年七月己亥条、十月条，十二年九月丁酉条，同书卷六四《陈棱传》。

[5] 参《隋书》卷五○《宇文庆传》，卷六四《麦铁杖传》《沈光传》《来护儿传》《陈棱传》，卷六五《赵才传》，卷七一《独孤盛传》，卷八五《宇文化及传》《司马德戡传》《裴虔通传》。

武士彠，并州文水人也，家富于财，颇好交结。高祖初行军于汾、晋，休止其家，因蒙顾接。及为太原留守，引为行军司铠。时盗贼蜂起，士彠尝阴劝高祖举兵。

《大唐创业起居注》卷一云：

有乡长刘（世）龙者，晋阳之富人也。先与官监裴寂（疑有脱字）引之谒帝，帝虽知其微细，亦接待之以招客。

《旧唐书》卷五七《刘世龙传》（新传同）云：

从平京城，累转鸿胪卿，仍改名义节。时草创之始，倾竭府藏以赐勋人，而国用不足，义节进计曰："今义师数万，并在京师，樵薪贵而布帛贱。若采街衢及苑中树为樵以易布帛，岁收数十万匹立可致也。又藏内缯绢，匹匹轴之，使申截取剩物，以供杂费，动盈十余万段矣。"高祖并从之，大收其利。

钱案：武士彠为一木材巨商（详陈寅恪师《李唐武周先世杂考》），而刘义节者既为出身微细之富人，复又善于经纪，是亦必为富贾。高祖于此辈并加顾接，岂意在利用其经济力量耶？史言高祖命建成及太宗"倾财赈施"，以结人心（见《起居注》卷一），或亦部分得自商界巨子之资助欤？

又《旧唐书》卷五七《刘文静传》（新传同）云："宫监之中，府库盈积。"太原乃一都之会，复是备边之基地，自宜府库充实，唐室借之以纠合义兵，似亦不虞于匮乏，观同卷《裴寂传》"及义兵起，寂进宫女五百人，并上米九百万斛（《旧唐书校勘记》卷三三引张氏宗泰云新书'九'下有'百'字，是）、杂彩五万段，甲四十万领，以供军用"可知也。

论高祖晋阳起兵前后对外对内之准备既竟，试再就其招附关中群盗及说降隋室官吏之史实加以探讨。

《旧唐书》卷五七《裴寂传》（新传、《唐会要》卷三六《氏族》条同）云：

（高祖）又尝从容谓寂曰："我李氏昔在陇西，富有龟玉，降及祖祢，姻娅帝室（案，周明帝独孤皇后，隋文帝独孤皇后皆独孤信女，即高祖从母）。及举义兵，四海云集，才涉数月（案，此语虽未可拘泥，然似以从《唐会要》作数月为是，新传改作"不三月有天下"，实则唐于七月癸丑发引，至十一月丙辰平京城，亦历一百二十余日，并未合之），升为天子。至如前代皇王，多起微贱，勤劳行阵，下不聊生。公复世胄名家，历职清显，岂若萧何、曹参起自刀笔吏也！唯我与公，千载之后，无愧前修矣。"

寅案：李唐皇室之先世，出自宇文泰所创建之关陇胡汉集团，其政治性之号召，对于关中确具极强之力量。盖其家自其祖李虎以来，久居三辅，代袭箕裘，赏宅赐田，基址不坠。泾渭豪强，多有其同族婚媾之人；京畿军士，亦恐尚有其祖父所领旧部后裔，故河东之旗既举，而关西之援斯应。其利涉大川,速定京邑,实职此之由。高祖所言,虽为矜夸其家世而发,然细绎其语,知亦含有其家世与速据关中关系之解释,此则颇有合于当时实况者也。

唐兵于大业十三年八月癸巳到达龙门,临河仅越九日,至壬寅即已派遣先头部队自梁山船济而建立西岸之根据地。《大唐创业起居注》卷二云:

> (大业十三年八月)癸巳至于龙门县。(略)先是帝使时,于此县界见河水清,皇太子又于此县界获元狐、于往县西南宴见鞘利,并与县内道俗等叙旧极欢。丙申,至汾阴,遣书招冯翊贼帅孙华。华所部强兵,至余数千,积年劫掠,非常富实,渌水以北,莫敢当之。帝书到,华喜而从命。己亥,进营,停于壶口。(略)壬寅,孙华率其腹心轻骑数十,至自郃阳。(略)于是拜华左光禄大夫,封武乡县公,加冯翊郡守。(略)仍命华先济,为西道主人,华大悦而去。仍命左右统军王长谐、刘弘基,并左领军大都督府长史陈演寿等,率师次华而渡,据河西岸,以待大兵。

《旧唐书》卷五九《任瑰传》(新传同)云:

> 任瑰字玮,庐州合肥人,陈镇东大将军蛮奴(即忠)弟之子也。父七宝,仕陈定远太守。(略)仁寿中,为韩城尉,俄又罢职,及高祖讨捕于汾、晋,瑰谒高祖于辕门,承制为河东县户曹。高祖将之晋阳,留隐太子建成以托于瑰。义师起,瑰至龙门谒见。(略)

瑰曰："（略）关中所在蜂起，惟待义兵，仗大顺，从众欲，何忧不济。瑰在冯翊积年，人情谙练，愿为一介之使，衔命入关，同州以东，必当款服。于梁山船济，直指韩城，进逼郃阳，分取朝邑，且萧造文吏，本无武略，仰俱威灵，理当自下；孙华诸贼，未有适从，必当相率而至。然后鼓行整众，入据永丰。虽未得京城，关中固已定矣。"高祖曰："是吾心也。"乃授银青光禄大夫，遣陈演寿、史大奈领步骑六千，趋梁山渡河，使瑰及薛献为招慰大使。（略）孙华、白玄度等闻兵且至，果竟来降，并具舟于河，师遂利涉。瑰说下韩城县（案，此于孙华之降附及陈演寿、史大奈等之渡河叙述前后稍有不合）。

《新唐书》卷一九一《王行敏传附卢士睿传》云：

士睿客韩城。隋乱，结纳英豪。高祖与之旧，及兵兴，率数百人上谒汾阴，又使兄子谕降剧贼孙华。

钱案：是时河东驻有精兵，未易猝拔，其事既已论之于前章，于此可不复述。此间所欲论者，唐兵先遣部队之利涉大川，端在于盘踞北洛水下游与黄河转曲处三角地带间"贼帅"孙华之降附，而招诱孙华之计又为久在冯翊之任瑰所建议与客居韩城之卢士睿所佐成。任瑰与高祖关系殊密，观于高祖以家属相托可知。卢士睿本为高祖之故旧，亦史文之所明载，此前高祖曾为山西、河东慰抚大使，并得承制黜陟选补郡县文武官吏，任瑰谒高祖于军门，承制为河东县户曹之事可与相印证。薛献当出自河东薛氏,卢士睿之居地韩城与龙门亦仅一河之隔,此二人殆亦即于是得蒙顾接。至孙华、白玄度等人之争求立效,虽有见于唐兵声势之浩大,疑高祖讨捕河东时威名夙著与结纳英豪亦有以致之。然则高祖兵不血刃而进入长安之左辅并造成对屈突通扼喉拊背之优势者,固与其本身经历有关也。

《大唐创业起居注》卷二云:

> (大业十三年九月)丙辰,冯翊太守萧造率官属举郡归义,相继有华阴县令李孝常据永丰仓,遣子弟妹夫窦轨等送款,仍便应接河西关上兵马,又京兆万年、醴泉等诸县,皆遣使至。帝曰:"吾未济者,正须此耳。今既事办,可以济乎。"乃命所司以少牢祀河。庚申,率诸军以次而渡。甲子,舍于朝邑长春宫。(略)壬申,进屯冯翊郡,过旧宅,缛告五庙,礼也。初,周齐战争之始,周太祖数往同州,侍从达官,随便各给田宅,景皇帝与隋太祖并家于州治。隋太祖宅在州城东南,西临大路,景皇帝宅居州城西北,而面洑水。东西相望,二里之间,数十年中,两宅俱出受命之主,相继代兴。时人所见,开辟以来,未之有也。

《通鉴》卷一八四云:

> (隋恭帝义宁元年九月)戊午朝邑法曹武功靳孝谟,以蒲津、中潬二城降,华阴令李孝常以永丰仓降,仍应接河西诸军。

《旧唐书》卷六一《窦威传附轨传》云：

> 轨字士则，周雍州牧、邓国公恭之子也。隋大业中，为资阳郡东曹掾，后去官归于家。义兵起，轨聚众千余人，迎谒于长春宫，高祖见之大悦，降席握手，语及平生。

寅恪案：窦轨乃高祖窦后之从祖兄弟，而为李孝常妹夫，盖窦、李皆高祖之亲戚；武功有唐室旧业之别馆，高祖尝寓居其地，靳孝谟为武功人，是必雅与高祖有旧。窦轨去官居家而聚兵从龙于永丰，岂即营居于华阴欤？李唐在同州亦有田宅，其地当已有李唐之潜伏势力，盖当时贵族之庄园咸拥有多数之奴客也。萧造之望风送款，疑亦与此有关。至此，沿河之地，北起韩城，南连河渭合流之口，均入高祖之掌握，宜乎高祖不复再以重兵顿守河东坚城之下而淹留自毙矣。蒲津夹河与河东对峙，固为军事要害之地，同州乃左辅治所之所在，实亦捍蔽长安外围之重镇，而永丰仓更是河渭转漕、米粮屯聚之中心，尤具军事、经济两方面之价值，是皆兵家之所必争，而唐室并于短期中垂手不战而得之，若无戚谊种种因缘，又何从至此邪。其帝业之成有借于其家世者，足可征信矣。

《旧唐书》卷五八《柴绍传》(《新唐书》卷八三《高祖女平阳昭公主传》、《唐会要》卷六《公主杂录》同)云：

> 高祖微时，妻之以女，即平阳公主也。(略)绍即间行赴太原。公主乃归鄠县庄所，遂散家资，招引山中亡命，得数百人，起兵以应高祖。时有胡贼何潘仁(案《通鉴》卷一八四义宁元年九月丙寅

条下作西域商胡何潘仁甚确,盖何为昭武九姓之一也),聚众于司竹园,自称总管,未有所属。公主遣家童马三宝说以利害,潘仁攻鄠县,陷之。三宝又说群盗李仲文、向善志、丘师利等,各率数千人来会。时京师留守频遣军讨公主,三宝、潘仁屡挫其锋。公主掠地至盩厔、武功、始平,皆下之。每申明法令,禁兵士无得侵掠,故远近奔赴者甚众,得兵七万人。公主令间使以闻,高祖大悦。及义军渡河,遣绍将数百骑趋华阴,傍南山以迎公主。时公主引精兵万余与太宗军会于渭北,与绍各置幕府,俱围京城,营中号曰"娘子军"。

《旧唐书》卷六〇《淮安王神通传》(《新唐书》卷七八《淮安靖王神通传》同)云:

淮安王神通,高祖从父弟也。父亮,隋海州刺史,武德初追封郑王。神通,隋末在京师。义师起,隋人捕之,神通潜入鄠县山南,与京师大侠史万宝(案,史万宝亦疑是何潘仁一类,盖昭武九姓有史国,而商胡多殖赀致富,又尚武力,为侠者众也)、河东裴勣、柳崇礼等举兵以应义师,遣使与司竹贼帅何潘仁联结。潘仁奉平阳公主而至,神通与之合势,进下鄠县,众逾一万,自称关中道行军总管。(略)高祖闻之大悦。

《通鉴》卷一八四义宁元年九月丙寅条下云:

左亲卫段纶，文振之子也，娶渊女（案，段纶尚高祖第四女高密公主，见《新唐书》卷八三《诸公主》及《唐会要》卷六《公主》条），亦聚徒于蓝田，得万余人。及渊济河，神通、李氏、纶各遣使迎渊。

《大唐创业起居注》卷二云：

（大业十三年九月）丙寅，遣世子陇西公将司马刘文静，统军王长谐、姜宝谊、宝琮诸军数万人，屯永丰仓，守潼关，备他盗，慰抚使人窦轨等受节度焉。遣敦煌公率统军刘弘基、长孙顺德、杨毛等诸军数万人，往高陵道，定泾阳、云阳、武功、盩厔、鄠诸县等，慰抚使人掾殷开山等受节度焉。先是，帝从弟赵兴公神通起兵鄠县，有众数千，闻义旗渡河，遣使迎帝。又贼帅李仲文遣兄仲威送款，仲文则魏密之从父也，以密反于荥阳，缘坐亡命，招集无赖，抄劫鄘县之间，众将四五千。盩厔贼帅何潘儿、向善志等，亦各率众数千归附。宜君贼帅刘旻又率其党数千人降。帝并以不次封。

《旧唐书》卷五九《丘和传》（新传同）云：

和遣司马高士廉奉表请（自海南）入朝，诏许之。高祖遣其子师利迎之。及谒见，高祖为之兴，引入卧内，语及平生，甚欢。（略）和时年已衰老，乃拜稷州刺史，以是本乡，令自怡养。（略）（子）行恭知名。行恭善骑射，勇敢绝伦。大业末，与兄师利聚兵于歧、雍间，有众一万，保故鄘城，百姓多附之，群盗不敢入境。初，原州奴贼数万人围扶风郡，太守窦琎坚守，经数月，城中食尽，野无所掠，众多离散，投行恭者千余骑。行恭遣其酋渠说诸奴贼共迎义军。

钱案：观高祖与丘和语及平生之言，知二人必雅有旧谊，师利、行恭兄弟率众归附唐军，或即与此有关邪？窦琎乃高祖后族，当其抚字扶风之际，师利、行恭虽保聚自雄，实亦不相侵扰，且似互为守望也。平阳公主是高祖第三女，神通为高祖同祖兄弟，段纶乃高祖第四女高密公主之夫婿，是皆唐室之至亲，宜其举兵相应，此可注意者一。

平阳公主以一妇女而能招引徒众，实以鄠县为柴氏庄园之所在。丘和为郿人，据旧书谓稷州是和之本乡可以为证。盖此稷州即李吉甫《元和郡县图志》卷二关内道京兆府下武功县条（《新唐书》卷三七《地理志》关内道京兆府武功县条同）所记：

武德三年，分雍州之武功、好畤、鳌屋、扶风之郿四县，于今县理置稷州，因后稷所封为名。贞观元年废州，以县属京兆。

故师利、行恭兄弟乃依此地为巢穴。而同书同卷同条又云：

庆善宫在县南十八里，皇家旧宅也，南临渭水。

是高祖之旧居（太宗即生于此）与郿县唯一衣带水之隔，然则李唐与丘氏本同乡里矣。段纶之聚兵蓝田，神通之起于鄠县，其人地之关系如何，虽无可稽考，然疑同于平阳公主起鄠，丘师利、行恭起郿之例。盖当中央政权动摇之际，其乘机发难者，若非手握重兵，必即依附本土，所谓例外殊属罕见故也。此可注意者二。

柴绍者，祖烈，"周骠骑大将军，历遂、梁二州刺史"。[1]考《通典》卷三九《职官典》后周官品条[2]，知骠骑大将军列九命之首，其位置为正九命之柱国大将军及大将军之亚；复考《周书》各列传，骠骑大将军与开府仪同三司常为连称，颇疑二者于周制无异一词，而实即《周书》卷一六所云，北周之时，柱国及大将军已多为散秩，无所统御，开府亦同其例。庾信以纯粹文人而致此位[3]可为佐证。柴烈是否实际统兵自不可知，然烈子慎在隋为太子卫率，慎子绍幼矫捷有勇力，是柴氏之贵盛虽稍逊于李唐，但本为西魏、北周以来关陇集团之将门，与李唐同其气类，此即柴绍得娶平阳公主之故也。段纶者，据《元和姓纂》卷九辽西段氏条：

匹䃳受欲廆段（？）八代孙文振，隋兵部尚书北平侯，又居（据岑仲勉《元和姓纂四校记》引罗振玉《元和姓纂校勘记》改）北海斯（期）原，生确、纶。

《隋书》卷六〇《段文振传》（《北史》卷七六同）：

段文振，北海期原人也。祖寿，魏沧州刺史。父威，周洮、河、

---

[1] 见《旧唐书·柴绍传》。

[2] 参《周书》卷二四《卢辩传》。

[3] 参《周书》卷四一《庾信传》。

甘、渭四州刺史。

丘师利、行恭兄弟者，据《元和姓纂》卷五下《平声十八尤》河南丘氏条（参《魏书》卷三〇《丘堆传》，卷一一四《官氏志》云：

> 后魏献帝七分国人，以弟豆真折为邱敦氏，封临淮王。孝文改为邱氏。折生堆，堆生跋，跋生鳞，鳞曾孙大千生寿，野王公。

《旧唐书》卷五九《丘和传》（《新唐书》卷九〇略同）：

> 丘和，河南洛阳人也。父寿，魏镇东将军。和少便弓马。（略）周为开府仪同三司。入隋，累迁右武卫将军，封平城郡公。

盖段纶、丘师利、丘行恭之先乃段部与拓跋部鲜卑之从贺拔岳、宇文泰入关者，是皆为关陇集团之家族。至于李神通，则为唐之宗室，为西魏入关实际领兵之八大柱国之一即李虎之孙，自更无待论矣。此为可注意者三。

柴绍，"幼矫捷，有勇力，任侠闻于关中"[1]，段纶"少以侠气闻"[2]，丘和少"重气任侠"，其子行恭"善骑射，勇敢绝伦"[3]，神通"少轻

---

[1] 《旧唐书·柴绍传》。

[2] 《隋书·段文振传》。

[3] 《旧唐书·丘和传》。

侠"[1]，并载于史传。所谓任侠者，除趋人之急，以武犯禁外，更有招引宾客，驰骛竞逐之意。此诸人皆出自西魏以来胡汉糅杂之关陇集团，故至隋末犹保存勇武之风尚，而又借贵介公子之势，故易为闾阎豪杰所朋附，其同为游侠少年，同为唐室元勋，非偶然也。史万宝疑是昭武九姓之胡，何潘仁"引致宾客"[2]，自是游侠，盖以昭武九姓中有何、史二姓，而二人之行迹又甚相类之故。至史万宝之从神通，何潘仁之奉平阳公主，或即由于游侠之交通欤？此可注意者四。

窦轨本自华阴从龙，故高祖以为潼关一带慰抚使。刘弘基为雍州池阳人，"少落拓，交通轻侠"。[3]殷峤世居江南，自陈亡后徙居京兆为鄠人[4]，故高祖以为京兆诸县慰抚使。史称"时关中群盗往往聚结，众无适从，令峤招慰之，所至皆下"，[5]是高祖初起时善于利用地方势力之证。此可注意者五。

唐室庄宅之所在，今可考者有同州、武功、高陵三处，同州、武功二者上文已引，其高陵之宅，则《元和郡县图志》卷二关内道京兆府下高陵县条云：

龙跃宫在县西十四里，高祖太武皇帝龙潜旧居也，武德六年置。

---

[1] 《新唐书·李神通传》。

[2] 《册府元龟》卷三四五《将帅部·佐命门》。

[3] 见《旧唐书》卷六〇《刘弘基传》。

[4] 见《新唐书》卷九〇《殷开山传》，参旧传。

[5] 《旧唐书》卷五八《殷峤传》。

而其祖先茔城之所在，则李虎葬于三原，《唐会要》卷一《帝号上》云：

> 太祖景皇帝讳虎，（略）葬永康陵。（原注）在京兆府三原县界。

李昺葬于咸阳，同上又云：

> 世祖元皇帝讳昺，（略）葬兴宁陵。（原注）在京兆府咸阳县界。

除同州一地外，其余各地皆在长安附近渭北地区，唐室于此一区域潜力之大自可推知。此可注意者六。

总之，自西魏历北周至杨隋八十余年间，关中之地皆为关陇集团所统治，而西魏大统十六年以前八大柱国及十二大将军家又为关陇集团之中心。

唐初之骑兵

一 绪言

《通鉴》卷一九二唐纪八高祖纪云：

（武德九年）上（太宗）尝言："吾自少经略四方，颇知用兵之要，每观敌陈，则知其强弱，常以吾弱当其强，强当其弱。彼乘吾弱，逐奔不过数十百步，吾乘其弱，必出其陈后反击之，无不溃败，所以取胜，多在此也。"

镲案：太宗弱冠举兵，久专征伐，其所遇强敌亦众矣，历观其所经诸大战役，每采掩袭敌后之战术以制胜，是知此言非浮夸之词也。虽然唐初诸将运用此种战术以克敌致果者非太宗一人，如史大奈、刘文静皆曾用之矣。此术既为唐将所惯用以获胜，而其敌人则甚少能用之，厥故何也？窃以为无他，在兵种之不同耳。盖出诸敌人阵后或由侧面迂回或由正面直突，其所恃者，乃速度甚大与威力极猛之骑兵，然则此种战术之能利用与否，端视其军中骑兵之质量而定，固甚明也。此唐军之所以能竞胜隋末北方群雄者。兹篇所论，即就历次较大之战役一一析之以证成此说焉。

二　晋阳起兵以前唐高祖对于骑兵之训练

《大唐创业起居注》卷一：

> （隋大业十二年，炀帝）乃诏帝（高祖，略）与马邑郡守王仁恭北备边朔。（略）既至马邑，帝与仁恭两军兵马，不越五千余人。仁恭以兵少，甚惧。帝知其意，因谓之曰："突厥所长，惟恃骑射，见利即前，知难便走，风驰电卷，不恒其陈，以弓矢为爪牙，以甲胄为常服，队不列行，营无定所，逐水草为居室，以羊马为军粮，胜止求财，败无惭色，无警夜巡昼之劳，无构垒馈粮之费。中国兵行，皆反于是，与之角战，罕能立功。今若同其所为，习其所好，彼知无利，自然不来。"（略）乃简使能骑射者二千余人，饮食居止，一同突厥，随逐水草，远置斥堠。每逢突厥候骑，旁若无人，驰骋射猎，以曜威武。

高祖在马邑简选其军中约占半数之士卒加以特殊训练，使之突厥化，此足与战国时赵武灵王胡服骑射之事先后辉映，而其夙素即注意于精骑之重要性可知也。而此辈经督教之后，饮食居止，驰骋射猎能一同于突厥，则训练方法之精良又不待言矣。此后唐人于扫荡群雄时对于骑兵如何训练，虽史文不备，未能确知，然据此可推测必为严格也。

三 破历山飞之役

《大唐创业起居注》卷一载破历山飞之史实：

> （大业十三年）帝（高祖）率王威等，及河东、太原兵马往讨之，于河西雀鼠谷口与贼（历山飞）相遇。贼众二万余人，帝时所统步骑才五六千而已。（略）帝乃分所将兵为二阵，以羸兵居中，多张幡帜，尽以辎重继后，从旌旗鼓角，以为大阵，又以麾下精兵数百骑，分置左右队为小阵，军中莫识所为，及战，帝遣王威领大阵居前，旌旗从。贼众遥看，谓为帝之所在，乃帅精锐，竞来赴威，及见辎驮，舍鞍争取，威怖而落马，从者挽而得脱。帝引小阵左右二队，大呼而前，夹而射之，贼众大乱，因而纵击，所向摧陷，斩级获生，不可胜数，而余贼党老幼男女数万人，并来降附。

《旧唐书》卷二《太宗本纪》（《新唐书》略同）：

> 及高祖之守太原，太宗时年十八。有高阳贼帅魏刀儿，自号历山飞，来攻太原，高祖击之，深入贼阵。太宗以轻骑突围而进，射之，所向皆披靡，拔高祖于万众之中。适会步兵至，高祖与太宗又奋击，大破之。

《起居注》与《旧唐书·太宗纪》两者之载此战役情况颇有差异。

盖温大雅之起居注撰于高祖统御时期，而两唐书必又本之于贞观十四年以前之《太宗实录》及参取《高祖实录》，而此两实录皆许敬宗、敬播等纂修，而于贞观十七年奏上者。故前者特书高祖之指挥有方，而诋毁王威之怯懦，后者则盛夸太宗之英武过人，而极言高祖之失机，官史之不可尽信，往往如是也。然温大雅乃随军管记，其所书两军交战情况又至为详尽，史料价值自当较高，若据观之，则高祖所领之军，其由步兵所组成之大阵，不足以敌历山飞之众，而由精骑数百所组成之小阵，分为二队，自左右夹击，则历山飞之兵遂披靡而溃败矣。此足资证明李氏父子特善用精骑以少胜众也。即依《旧唐书》所记，则太宗能以轻骑驰骋于万众之中而所向披靡，要亦与本文所论不相违戾。

四　霍邑破宋老生之役

《大唐创业起居注》卷一：

> （大业十三年六月己卯）突厥始毕依旨，即遣其柱国康鞘利、级失、热寒、特勤、达官等，送马千匹，来太原交市。（略）丙申，突厥柱国康鞘利等并马而至，舍之于城东兴国玄坛。（略）其马千匹，唯市好者而取其半。

钱案：高祖叛后，首先致力者即为北连突厥，其意凡有二端，一曰防突厥之南牧以袭其背；二为资突厥马以供军用，如同卷所记裴寂对高祖曰："且今士众已集，所乏者马。蕃人未是急需，胡马待之如渴。"及高祖诫刘文静言："又胡马放牧，不烦粟草，取其声势，以怀远人。"

皆其证也。又同书同卷记高祖于突厥抄逼太原时，遣康达设伏，"待突厥过尽抄其马群，拟充军用"，皆证明其时需求胡马之殷切也。及始毕同意高祖之举事，又复送马互市，遂于半月后之壬子举而南下矣。

《通典》卷一九九《突厥下》（《旧唐书》卷一九四《突厥传》同）：

> 特勒大奈，隋大业中与曷萨那可汗同归中国。（略）后分其部落于楼烦，会高祖举兵，大奈率其众以从。

钱案：西突厥史大奈率其部落以从高祖举兵，以"阙达设初居于会宁，有部落三千余骑"[1]例之，则史大奈所部骑兵之数亦必甚众。当高祖兵发晋阳之前，既曾训练突厥化之骑射士两千余人于马邑，又复市购北突厥之良马五百匹于太原，而史大奈复举所领西突厥部落自楼烦来从，是其时军中精骑之数，足有可观者矣。

《大唐创业起居注》卷二：

> （大业十三年七月）壬戌，霖雨甚，顿营于贾胡堡，去霍邑五十余里。此县西北抗汾水，东拒霍太山，守险之冲，是为襟带。西京留守代王遣骁将兽牙郎将宋老生，率精兵二万拒守。（略）八月己卯，霖止。（略）辛巳，旦发引，取傍山道而趋霍邑，七十余里。（略）是日未时，帝将麾下左右轻骑数百，先到霍邑城东，去五六里，以待步兵至。方欲下营，且遣大郎、二郎各将数十骑逼其城，行视战地。

---

[1] 见《旧唐书·突厥传下》。

帝分所将人为十数队，巡其城东南而向西南往往指麾，似若安营而攻城者，仍遣殷开山急追马步等后军。老生在城上，遥见后军欲来，真谓逼其城置营，乃从南门、东门两道，引兵而出，众将三万许人。帝虑其背城不肯远斗，乃部勒所将骑兵马左右军，大郎领左军，拟屯其东门，二郎将右军，拟断其南门之路，仍命小缩，伪若避之。既而老生见帝兵却，谓为畏己，果引兵更前，去城里余而阵。殷开山等所追步兵，前军统列方阵，以当老生中军，后军相续而至。未及战，帝命大郎、二郎，依前部分驰而向门，义兵齐呼而前，红尘暗合，鼓未及动，锋刃已交，响若山崩，城楼皆振。帝乃传言，已斩宋老生，所部众闻而大乱，舍仗而走，争奔所出之门。门已大郎、二郎先所屯守，悬门不发，老生取入不得。城上人下绳引之，老生攀绳欲上，去地丈余，军头卢君谔所部人等，跳跃及而斩之。（略）自申至酉，遂平霍邑。

《起居注》所载与宋老生之战事，与《旧唐书·太宗纪》及《通鉴》卷一八四义宁元年八月己卯条所载微有不同。《起居注》云"遣大郎、二郎各将数十骑逼其城"，而《旧唐书》则云"太宗恐老生不出战，乃将数骑先诣其城下"。夫此时高祖自任统帅，太宗何能自专；又建成既与太宗分领左右军，自亦应随高祖同至城下。盖许敬宗、敬播于修史时即没建成之名，又以胜敌之功尽属于时君，而两《唐书》撰者遂因之耳。至于"老生麾兵疾进，进薄高祖而建成坠马，老生乘之。高祖与建成咸却"，疑亦是史官非毁；而"太宗自南原率二骑驰下峻坂，冲断其军"，更系褒词。两《唐书》所本之高祖、太宗实录殆不如《起居注》所书为实也。

今取二书观之，大致唐以殷开山所追之步兵当宋老生之主力，其初颇居劣势。及建成、太宗等以精骑奋击，宋老生之众遂不支而退，而建成、太宗所领之骑速度甚高，威力极大，故能迂回或直突先达霍邑城下，以出宋老生之阵后，宋老生入城之路既绝，又腹背受敌，乃不得不溃散矣。夫宋既称隋之骁将，所部人又多为耐战之秦兵，而众为三万，亦与晋阳甲士之数相埒，然竟一战而授首者，殆为马步不敌有以致之也。

五　饮马泉与潼关两败屈突通之战

高祖于大业十三年八月辛巳破宋老生平霍邑后，继续引兵南下。是月癸巳（距辛巳十二日），师次龙门临河；壬寅（距癸巳九日），派遣先头部队建立黄河西岸之根据地；九月庚申（距八月壬寅十八日）舍河东不攻，率大军济河，西入关中；十一月丙辰（距九月庚申五十六日），攻克长安。计自七月壬子兵发晋阳，至此历时一百二十四日。其所以利涉黄河而速定京师，因以独成帝业之故，殆与其家世及本身之经历有关。

《大唐创业起居注》卷二（《旧唐书·高祖纪》、《通鉴》卷一八四义宁元年八月癸巳条并同）：

> （八月）癸巳，至于龙门县。刘文静、康鞘利等来自北蕃。突厥五百人，马二千匹，从鞘利等至。帝喜其兵少而来迟，借之以关陇，谓刘文静曰："吾已及河，突厥始至，马多人少，甚惬本怀。"

案，龙门迫近河东，隋代王已遣左武侯大将军屈突通将辽东兵及骁果等数万余人屯守河东要地（同书同卷），越此即为隋室京畿所在之关中，故高祖此时尤为渴望突厥之马也。唐军中本已拥有精骑若干，高祖夙素注意训练骑兵，军中亦不乏驰射之士，及是良马益增，军威乃益振矣。

《大唐创业起居注》卷二载饮马泉之战情况：

（八月）丙申，至汾阴，遣书招冯翊贼帅孙华。（略）壬寅，孙华率其腹心轻骑数十，至自郃阳。（略）仍命华先济，为西道主人，华大悦而去。仍命左右统军王长谐、刘弘基，并左领军大都督府长史陈演寿等，率师次华而渡，据河西岸，以待大兵。九月乙卯，（略）至是，（屈突）通闻孙华导长谐等渡河，果遣兽牙郎将桑显和率骁果精骑数千人，夜驰掩袭长谐等军营。谐及孙华等奉教备预，故并觉之，伺和赴营，设伏分击，应时摧散，追奔至于饮马泉，斩首获生，略以千计。显和走入河东城，仅以身免。

《旧唐书》卷一《高祖纪》载此次战役情况：

九月壬寅，冯翊贼帅孙华、土门贼帅白玄度各率其众送款，并具舟楫以待义师。高祖令华与统军王长谐、刘弘基引兵渡河。屈突通遣其武牙郎将桑显和率众数千，夜袭长谐，义师不利。太宗以游骑数百掩其后，显和溃散，义军复振。

《通鉴》卷一八四义宁元年九月桑显和"夜袭王长谐等营，长谐等战不利"条考异引《创业注》《唐高祖本纪》文后云：

按太宗时未过河西。今从《高祖实录》及《唐史大奈传》。

《旧唐书》卷五九《任瑰传》（《新唐书》卷九〇同）：

> （高祖）遣陈演寿、史大奈领步骑六千趋梁山（案，梁山在今陕西省韩城县界）渡河，使瑰及薛献为招慰大使。（略）孙华、白玄度等闻兵且至，果竟来降，并具舟于河，师遂利涉。瑰说下韩城县，与诸将进击饮马泉，破之。

《旧唐书》卷一九四下《突厥传下》（《新唐书》卷一一〇《史大奈传》，《通典》卷一九九《突厥篇下》同）：

> （西突厥特勤大奈）会高祖举兵，大奈率其众以从。隋将桑显和袭义军于饮马泉，诸军多已奔退，大奈将数百骑出显和后，掩其不备，击大破之，诸军复振。

《旧唐书》卷五八《柴绍传》（《新唐书》卷九〇略同）：

> 隋将桑显和来击，孙华率精锐渡河以援之。绍引军直掩其背，与史大奈合势击之，显和大败。

镜案：河东临黄河之曲，与潼关夹峙南北，以共扼关中之门户；而又据蒲津之河梁，以联络东西两岸，其所以特具战略价值，而隋人所以重点屯守者,端在此也。今高祖即用任瑰之策[1],招降冯翊"贼帅"孙华等,遣偏师于梁山船济于西岸,取得立足之点。则关中之侧门已开,而河东之严防为虚设矣。是以肃清泺北,重锁河险,以使唐兵顿驻坚城之下,乃屈突通当务之急。然则饮马泉一役虽非双方主力之接触,而其胜负之影响甚大。此役桑显和之出击即以夜袭,其所领又是骁锐之士,故唐军初战不利,如两唐书诸传所记者,殆得其实。而《起居注》"谐及孙华等奉教备预,故并觉之,伺和赴营,设伏分击,应时摧散"之言,自是温大雅虚美高祖之文,殊未足为信史。夫唐方诸军多已奔退,形势至危,然厥后竟能转败为胜,大获战果者,史大奈、柴绍之功也。史大奈所领为骑兵固史有明文可证,而柴绍所部率渡河应援之卒,据当时柴绍所任为马军总管观之,疑亦多毂骑之士。史、柴之精兵皆以迂回偷袭之方式出诸桑显和之阵后合击,隋军遂不得不告失败矣。至于桑显和所将者,据《起居注》今传世之本,皆作"骁果精骑",而《通鉴考异》则引作"骁果精兵",其宋刊本(据《四部丛刊》涵芳楼影印本)及胡刻本并同,今既无以详考,故唯可存疑。又此役唐太宗未尝参与,司马光已辨明,毋庸别证。

复次,史大奈本是西突厥之特勤,其所统乃胡人部落之众,宜其骁锐,独建殊勋也。至于康鞘利领来突厥之人马,则疑此时尚随大军屯驻东岸,而未曾预于是役焉。

《旧唐书》卷五七《刘文静传》载潼关之战情况:

---

[1] 详两唐书《任瑰传》。

寻率兵御隋将屈突通于潼关，通遣武牙郎将桑显和率劲兵来击。文静苦战者半日，死者数千人。文静度显和军稍怠，潜遣奇兵掩其后，显和大败，悉虏其众。通尚拥兵数万，将遁归东都，文静遣诸将追而执之，略定新安以西之地。

鋟案，此大业十三年十二月事也。自饮马泉一役而后，高祖以九月戊午围河东，屈突通拥重兵守坚城，未可猝拔，会华阴令李孝常以永丰仓降，高祖乃于庚申率诸军渡河，丙寅遣建成、刘文静等屯永丰守潼关。[1] 屈突通闻唐军之西入，引兵西救关中，与刘文静等相持者凡月余，及此月乃有是次会战。最可注意而文静传未明言者，文静潜遣以掩袭显和阵后之奇兵，实仍为马军，而追擒屈突通诸将所领又是精骑也。

同书卷五九《屈突通传》（《新唐书》卷八九同）：

（屈突）通又令显和夜袭文静，诘朝大战，义军不利。显和纵兵破二栅，惟文静一栅独存。显和兵复入栅而战者往覆数焉。文静为流矢所中，义军气夺，垂至于败。显和以兵疲，传餐而食，文静因得分兵以实二栅。又有游军数百骑自南山来击其背，三栅之兵复大呼而出，表里齐奋，显和军溃，仅以身免，悉虏其众。（略）（通）留显和镇潼关，率兵东下，将趋洛阳。通适进略，而显和降于刘文静。遣副将窦琮、段志玄等率精骑与显和追之，及于稠桑。（略）遂擒通送于长安。

---

[1] 见《起居注》卷二。

笺案，两唐书《屈突通传》云通"将自武关趋蓝田，以赴长安"，似太迂缓，疑不可信，司马光于其《通鉴考异》中已驳正之，今姑不论。此役屈突通仍施夜袭之故智，败厥初之胜绩。而刘文静亦仿精骑掩袭之旧事，收最后之成果。其前后胜负之形势，殆与饮马泉之役无不相同，是则骑兵之重要性既由此而益明，而唐将之善于运用精骑出诸敌人阵后以反击之战术不独太宗一人为然。斯又足与饮马泉一役并为其例证矣。

复次，良马既以奔驰急速为其特点，故其性能更宜于追击，屈突通之成擒，即由唐将以精骑追之也。

六 浅水原与薛氏父子之战

隋大业十三年岁末与唐武德元年之时，割据关东之李密、王世充、宇文化及等迭相攻战于都畿，均无力西入。而唐室正致力于河陇之平辑，亦未遑东讨。其时与唐军争竞最烈者，乃拥有陇右之薛举、薛仁杲父子。

唐、秦角逐于关陇战役至夥，而大会战凡二。二次大会战之地点皆在唐邠州宜禄县，即今陕西长武县所在之浅水原。[1]其时间，则前一战役在武德元年七月，后一战役在同年十一月。其结果，则前一战薛举大胜，唐军伤亡过半；后一战则唐太宗大胜，薛仁杲败灭。兹节所论，仅限此二战役。

在证述两军所用战术之前，先考察薛氏所据地域之环境与其将士之族类，借明其武力之依据焉。

---

[1] 据《元和郡县图志》卷三关内道邠州宜禄县条。

《隋书》卷二八《百官志下》：

　　陇右牧，置总监、副监、丞，以统诸牧。其骅骝牧及二十四军马牧，每牧置仪同及尉、大都督、帅都督等员。驴骡牧，置帅都督及尉。原州羊牧，置大都督并尉。原州驼牛牧，置尉。

《旧唐书》卷五九《屈突通传》：

　　开皇中，为亲卫大都督，文帝遣通往陇西检覆群牧，得隐藏马二万余匹。文帝盛怒，将斩太仆卿慕容悉达及诸监官千五百人。

案，薛氏尽有陇西之地，而陇右适为隋代官马放牧之主要场所，宜乎其军中多有精骑。《旧唐书·太宗纪》云，太宗于破灭薛仁杲后"获贼精骑甚众"，可以为证也。
至其精骑之来源，实系掠自官牧。
《通鉴》卷一八三义宁元年夏四月癸未条云：

　　（薛举）以仁杲为齐公，少子仁越为晋公，招集群盗，掠官牧马。

《新唐书》卷八六《薛举传》：

　　更招附余盗，剽马牧。兵锋锐甚。

《通鉴》卷一八六武德元年十月己酉条：

世民曰："罗睺所将皆陇外之人，将骁卒悍。"

案，《汉书·地理志下》云：

天水、陇西……及安定、北地、上郡、西河，皆迫近戎狄，修习战备，高上气力，以射猎为先。（略）汉兴，六郡良家子选给羽林、期门，以材力为官，名将多出焉。（略）故此数郡，民俗质木，不耻寇盗。

《隋书》卷二九《地理志上》云：

安定、北地、上郡、陇西、天水、金城，于古为六郡之地，其人性犹质直。然尚俭约，习仁义，勤于稼穑，多畜牧，无复寇盗矣。

以二书校而观之，可知当隋、唐之际，陇西一带人民之经济生活为稼穑畜牧，其风习亦崇尚仁义，非复西汉时射猎为先，不耻寇盗之旧矣。然自东汉而还，其地迫近戎狄之环境即未有变更，而更益以政治性与自然之民族迁徙，仍为一汉胡杂处之区，则陇外之人（唐室时据有陇城以东，故以陇西为陇外）犹存高上气力之风乃极自然之理，太宗之言要必为实况也。

复次，薛氏所据有之陇右，既多有羌胡杂处，故其军中颇有胡兵，而其所任用之骁将实亦不乏羌胡焉。《元和郡县图志》卷三关内道邠州宜禄县浅水原条云："会（薛）举死，其子仁杲统其众并羌胡十余万数来挑战。"案，羌胡之久居于陇右者，其人虽不免于渐染汉化，然亦必有一部分未改其俗。以中国中古人重视文化尤甚于血统一点测之，大概汉化日久之人即不复被目为异类。则此谓羌胡必仍保存其部落之遗制也。据《旧唐书·薛举传》，"羌首（《通鉴》作酋，意尤明确）钟利俗拥兵二万在岷山界，尽以众降举，兵遂大振"事，似钟利俗所领即为其部落羌兵。此辈骁勇善战，故举得之而声势大振，又《通鉴》卷一八六武德元年十二月乙酉条[1]云："初，羌豪旁企地以所部附薛举。"是旁企地之部众亦为羌人部落也。夫钟利俗所拥之兵众至二万，固当为薛氏父子所借重，而旁企地者，据《新唐书·薛举传》："企地，羌豪也，举父子信倚之。"实亦薛氏父子所信倚。至其他骁将，虽以史文不备，未能一一确知其族类，但据其姓氏，亦有可推而得之者，若钟俱仇。《旧唐书·薛举传附子仁杲传》（新传同）："仁杲妹夫伪左仆射钟俱仇以河州归国。"同书卷六一《窦轨传》（新传同）："会赤排羌作乱，与薛举叛将钟俱仇同寇汉中。"据《后汉书》卷一一七《西羌传》云，"自爰剑后，子孙支分凡百五十种。（略）其八十九种，唯钟最强"，则明隋、唐之际陇右之钟氏，乃后汉时钟羌之苗裔。此钟氏特为强大，故对于汉化之抵抗力亦强，因而历数百年之久犹能保有部落之特质，如前引钟利俗之事，即其例也。俱仇之氏为钟，而又与赤排羌殊有关联，其与钟利俗同为羌族，断可知矣。

总之，陇西地宜放牧，故饶良马；人杂羌胡，故多猛将。薛氏崛起于此，

---

[1] 参《旧唐书》卷一九三《魏衡妻王氏传》，《新唐书》卷八六《薛举传》。

掠官牧以资攻战，收羌胡任以腹心，其军威足以与唐相抗也。

此时唐军方面，亦有可言者。《张说之文集》卷一二《陇右监牧颂德碑》云：

> 大唐接周隋乱离之后，承天下征战之弊，鸠括残烬，得牝牡三千，从赤岸泽徙之陇右。

《元和郡县图志》卷三关内道原州平高县监牧条云：

> 贞观中自京师东赤岸泽移马牧于秦、渭二州之北，会州之南，兰州狄道县之西。

《周书》卷七《宣帝纪》云：

> （大象二年三月辛卯）行幸同州，（略）至于赤岸泽。

案，除陇右牧监外，同州亦岸泽亦为隋代官牧之主要所在。赤岸泽官牧，即知名之沙苑监。张说之所谓"牝牡三千"者，据《诗经·国风·鄘风·定之方中》中有"骐牝三千"之句，疑是用典，而非指实数也。至《通典》卷二五《职官典》"太仆卿"条原注云，"贞观初仅有牧牝二千匹，从赤岸泽徙之陇右。"《新唐书》卷五〇《兵志》云："唐之初起……又得隋马三千于赤岸泽，徙之陇右。"盖君卿、永叔皆取燕公之文，而不免误会其意。《杜工部草堂诗笺》八《沙苑行》云："苑中骐牝三千匹，丰草青青寒不死。"叶梦弼会笺云："唐贞观中仅有牧牝三千匹，从赤岸泽徙之陇右，命张万岁为监牧。《诗·定之方中》'騋牝三千'，毛传'马七尺以上曰騋'。騋马与牝马也。"尤足以与此说相参证也。

复次，隋末乱离，官马多为"群盗"所据，其相互攻战之损耗自不在少。但唐师之关中，"群盗"望风款附，官马之辗转以入唐军之手者为数亦众。如《旧唐书》卷五九《丘和传》云，丘行恭于胁降全部平凉"奴贼"前，即已得其千余骑之归附，则关中"群盗"之多拥马匹，举此亦可约略概见其余矣。

《通典》卷一九七《突厥上》云：

> 时薛举犹据陇右，遣其将宗罗睺攻陷平凉郡，北与颉利结连。高祖遣光禄卿宇文歆赍金帛以赂颉利。歆说之令与薛举绝。初隋五原太守张长逊因乱以其所部五城隶于突厥，歆又说颉利遣长逊入朝，以五原地归于我。颉利并从之。因发突厥兵及长逊之众，并会于太宗军所。

案，李唐创业之时，其与群雄及突厥之纵横捭阖，见《唐室之克定关中》文。此可注意者，即唐军再度获得突厥之助力是也。秦、唐双方竞连突厥，然薛举之谋不售，高祖之计得行。颉利既以五原之地归唐，又遣突厥兵与张长逊之众会于太宗军所。突厥之来必与马俱，是则唐军之中又多一支生力精骑矣。

秦、唐两军武力之背景既略阐明，然后战役之胜负始易于介释。

《旧唐书·薛举传》（新传同）：

武德元年，丰州总管张长逊进击宗罗睺，举悉众来援，军屯高墌。（略）太宗又率众击之，军次高墌城。（略）未及与战，会太宗不豫，行军长史刘文静、殷开山请观兵于高墌西南，恃众不设备，为举兵掩乘其后。太宗闻之，知其必败，遽与书责之。未至，两军合战，竟为举所败，死者十五六。

案，此武德元年七月壬子事也，战地在浅水原（见《通鉴》）。此时太宗果病，抑为史官掩饰太宗之失机，今既莫可考知，要亦不足深论。据此条刘文静"恃众不设备"一语，可知唐军之众，力必不下于秦军。然唐军竟遭挫败者，乃由其阵后为薛举之兵所掩乘也。薛举掩击之兵史虽未明言其种类，但以秦军中拥有精骑及利用此种战术所应具备之条件测之，殆非骑兵莫属。然则太宗所自负自夸出诸敌人阵后以反击之战术，有时亦竟败于其敌人利用此种战术矣。而其敌人若非军中拥有精骑如起自陇右之薛举者，则固不能为此也。

《旧唐书·薛举传附子仁杲传》：

举死，仁杲立于折墌城，与诸将帅素多有隙，及嗣位，众咸猜惧。郝瑗哭举悲思，因病不起，自此兵势日衰。

《旧唐书·太宗纪上》（新纪同）：

太宗又为元帅以击仁杲，相持于折墌城，深沟高垒者六十余日。

贼众十余万，兵锋甚锐，数来挑战，太宗按甲以挫之。贼粮尽，其将牟君才、梁胡郎来降。太宗谓诸将军曰："彼气衰矣，吾当取之。"遣将军庞玉先阵于浅水原南以诱之，贼将宗罗睺并军来拒，玉军几败。既而太宗亲御大军，奄自原北，出其不意。罗睺望见，复回师相拒。太宗将骁骑数十入贼阵，于是王师表里齐奋，罗睺大溃，斩首数千级，投涧谷而死者不可胜计。太宗率左右二十余骑追奔，直趣折墌以乘之。仁杲大惧，婴城自守。将夕，大军继至，四面合围。诘朝，仁杲请降，俘其精兵万余人，男女五万口。

案，此武德元年十一月戊申、己酉二日事也。太宗与宗罗睺相持于高墌城越六十余日始一决战者，盖以秦军虽以薛举卒、郝瑗死而月弱，然兵锋仍锐，精骑犹多。若不待其师老气衰，粮尽众离之迹象彰明而击之，则以新败之士卒当乘胜之劲敌，殊不易收功也。此役两军战于浅水原南，而太宗引大军"奄自原北"，易言之，即仍是绕袭敌后之战术。所谓大军者似亦包括步兵在内，唯冲入敌阵以收表里奋击之效，固非骁骑莫能为也。又据太宗之言，知宗罗睺虽破，然未大溃，太宗乃以精骑急蹑，使其所部不能还走折墌而散归陇外。薛仁杲居折墌殆专恃宗罗睺以为捍蔽，及唐军既击溃其主力，虽以仁杲之骁勇，亦不能抵御矣。然则唐军之终于竞胜，虽由于军粮供应之较优，实亦以太宗之妙善运用精骑也。

七　李密霸业之失败

（此节主论李密骑兵衰落及其受李唐之影响）

隋大业十三年七月，李渊发兵于晋阳之时，即与李密通书连和。至次年即武德元年九月，李密为王世充所破，十月遂率众降唐。在此期间，除唐军曾在东都城下与李密军小有接触外（事在武德元年四月），两军并未正式交战。然而李密军势之盛衰，实系于其军中骑兵之强弱，而其骑兵之减弱，又深受唐军克定关中之影响。凡此均足以佐证本章之主旨，故特辟一节以论其事。

《旧唐书》卷六七《李勣传》（《新唐书》卷九三同）云：

（徐世勣谓翟让曰）"且宋、郑两郡，地管御河，商旅往还，船乘不绝，就彼邀截，足以自相资助。"让然之，于是劫公私船取物，兵众大振。

《起居注》卷二云：

让所部兵，并齐济间渔猎之手，善用长枪。华骝、龙厩、细马所向江都者，多为让所劫，故其兵锐于他贼。

钱案：宋、郑之境为汴水所经流，当两京与江都交通之要道，翟让用徐世勣之计南向劫掠此区，不仅钞商旅以致富厚，且更夺战马以壮军威，故让之军力遂无敌于关东。李密因之，竟几成其霸业。温大雅撰史特指出翟让军中良马之来源，并以"让所部兵，并齐济间渔猎之手"及劫掠"华骝、龙厩、细马"解释"其兵锐于他贼"之故，可谓有识。而《隋书》及两唐书诸纪传均未采用，惜哉！

《通鉴》卷一八四恭帝义宁元年：

七月，炀帝遣江都通守王世充将江、淮劲卒，将军王隆帅邛黄蛮，河北大使太常少卿韦霁、河南大使虎牙郎将王辩等各帅所领同赴东都，相知讨李密。（略）（九月）己未，越王侗使虎贲郎将刘长恭等帅留守兵，庞玉等帅偃师兵，与世充等合十余万众，击李密于洛口，与密夹洛水相守。

《新唐书》卷八四《李密传》：

炀帝遣王世充选卒十万击密，世充营洛西，战不利，更陈洛北，登山以望洛口。密引度洛，与世充战。密兵多骑与长槊，而北薄山，地隘骑连不得骋；世充多短兵盾櫜，戚之，密军却，世充乘胜进攻密月城。密还洛南，引而西，突世充营，世充奔还，师徒多丧。

《通典》卷一五八《兵典》攻其必救条：

隋末，王世充与李密相持于东都，充夜渡，阵于洛水之北。其时密亦渡洛水陈兵，与充相对，东接月城，西至石窟。密兵多马骑长枪，宜平宽放纵，充兵多戈矛排櫜，宜险隘。然南逼洛水，北限大山，地形褊促，骑不成列。充纵排櫜戚之，密军失利。密与数骑登船南济，自余兵马皆东走月城。充乘胜长驱，直至月城下。密既渡南岸，即策马西上，直向充本营，左右麾旌，相继而至。充营内见密兵来逼，急连举六烽，充乃舍月城之围，收兵西退，自洛北达于黑石，中间四十余里，奔北狼狈，大丧师徒。

钱案：李密军中多骑，世充军中多步卒，如《新唐书·李密传》所记"世充营洛西战不利"者实为通常情形，盖步兵非骑兵之敌也。在大业十三年十月癸卯之战中，王世充虽利用洛北南临水、北薄山之险隘地形，使李密之骑兵迮不得驰，以盾穳致初战之幸胜，而李密迅即以精骑还渡洛南，策马直趣王世充之本营，使世充之步卒狼狈自救，终借马矟致后来之战果。夫王世充之兵以江淮劲卒为主体，此辈即指今淮北、淮徐地域之人，亦即南朝史乘中所谓淮南或江西之楚子，固南朝恃以保持偏安局面之斗兵，而刘裕、萧道成所资以攫取大宝之勇士。[1] 以健锐善战而言，恐较之齐济间渔猎之手未肯多让，而王世充夙以权谲著闻，以用兵计智而言，亦不必出诸李密之下，然而王世充初时屡为李密所败，殆以江淮之剽勇虽能出入如飞（见下引），但其威力终不免逊于龙厩之细马往来驰骤也。

《隋书》卷七〇《李密传》（《旧唐书》卷五三、《新唐书》卷八四同）：

会世充悉众来决战，密留王伯当守金墉，自引精兵就偃师，北阻邙山以待之。世充军至，令数百骑渡御河，密遣裴行俨率众逆之。会日暮，暂交而退，行俨、孙长乐、程咬金等骁将十数人皆遇重创，密甚恶之。世充夜潜济师，诘朝而阵，密方觉之，狼狈出战，于是败绩，与万余人驰向洛口。

---

[1] 详陈寅恪《魏书司马睿传江东氏族条释证及推论》，载《历史语言研究所集刊》第十一本，及周一良《南朝境内各种人及政府对待之政策》，载同刊第七本四分册。

钱案：李密于隋大业十三年之秋冬与唐武德元年之初，叠败王世充；自武德元年四月至七月又大破宇文化及，然至武德元年九月之时，竟以乘胜之余威而不足抗敌伤残之徒众，一战而丧败于偃师，再败而披靡于洛口，终至策名唐室，委质关中，其故实深可玩味。

《通鉴》卷一八五武德元年七月条（《隋书》卷七〇、《旧唐书》卷五三、《新唐书》卷八四《李密传》略同）云：

> （宇文化及）将陈智略帅岭南骁果万余人，樊文超帅江淮排䂎，张童儿帅江东骁果数千人，皆降于密。

《隋书》卷八五《王充传》（《通典》卷一五五《兵典》击其不备条，《旧唐书》卷五四、《新唐书》卷八五《王世充传》并同）云：

> 未几，李密破化及还，其劲兵良马多战死，士卒皆倦。充欲乘其敝而击之。（略）充简练精勇，得二万余人，马千余，迁营于洛水南。密军偃师北山上。时密新得志于化及，有轻充之心，不设壁垒。充夜遣二百余骑潜入北山，伏溪谷中，令军秣马蓐食。既而宵济，人奔马驰，迟明而薄密。密出兵应之，阵未成列而两军合战，其伏兵蔽山而上，潜登北原，乘高下驰，压密营。营中乱，无能拒者，即入纵火。密军大惊而溃，降其将张童儿、陈智略，进下偃师。（略）兵次洛口，邴元真、郑虔象等举仓城以应之。密以数十骑遁逸，充悉收其众。

《新唐书》卷八四《李密传》载同上事云：

世充阴索貌类密者，使缚之。既两军接，埃雾嚣塞，世充军，江淮士，出入若飞，密兵心动。世充督众疾战，使牵类密者过阵，噪曰："获密矣！"士皆呼万岁，密军乱，遂溃。裴仁基、祖君彦皆为世充所擒，偃师劫郑颋叛归世充。密提众万余驰洛口，将入城，邴元真已输款世充，潜导其军。密知不发，期世充度兵半洛水，掩击之。候骑不时觉，比出，世充绝河矣。即引骑遁武牢，元真遂降，众稍散。

寅案：王世充是时所率之卒仍以楚人为主，史称其剽勇健斗，固是事实，然前已用之，而不胜。又李密于大破宇文化及之后，又多得江淮降附之士，如樊文越所领者即是其例。此辈既与世充之兵同为淮徐之人，同用排矟利器，固宜足相劲敌，可知李密致败之主因不在于此。至如《隋书》所记密有轻世充之心，而骄不设备者，则据《隋书》卷七〇《裴仁基传》中李密云"东都兵马有三不可当，器械精一也，决计而来二也，食尽求斗三也"，似李密已预知世充之来必当奋死确斗，早蓄有戒备之心矣。又此点仅可解释李密一时之失利，并不足以构成其一蹶不振之一主要原因，故亦可以不辩。所谓"李密破化及还，其劲兵良马多战死"者，据《隋书》卷八五《宇文化及传》所记，宇文化及乃一庸暗愚顽之人，不足以成大事，然其兵既是从驾思归之骁果，其骑复是宿卫行在之十二卫武马，李密与之周旋，宜乎损伤过当也，夫中州非马牧之场，李密军中之战骑，乃由劫夺而来。自大业十三年十一月以后，关中之地已为唐室所占据，自无复有龙厩、细马送向江都之事，故密军之良马唯有耗减，无从补充，其威力之日衰亦无足为怪矣。若更以前引李密传之史文证之，洛口之役李密既以"候骑不时觉"而坐失待世充之兵半济洛水然后击之之良机；其前一役即偃师北山之战，李密以"世充夜潜济师，诘朝而阵，密方觉之，狼狈出战"，因而致败之故，似亦由于候骑之不足。是则李密军中骑兵削减之程度，可以推知。而王世充以其保有一部之骑兵，竟能达成击敌不备，出奇制胜之战果者，亦可得一解释也。前此一年即大业十三年十月癸卯之一战，李密本借精骑之力以转败为胜，今则无以资其用，自难免一败涂地，不可收拾也。然则唐室与李密之间虽无直接战争，而唐高祖克定关中，遂断绝李密良马补充之来源，其影响及于东方盟主之崩溃者，实至深焉。

尤可注意者，李密因人成事，内部组织本已不坚[1]，及密戕杀翟让以后，而将帅之猜离乃愈益明朗，至此邴元真则潜引世充，单雄信则勒兵自据[2]，盖此辈皆翟让之徒党也。夫内部分裂之影响可致兵势衰顿，而战争失利之刺激尤可使裂痕离破，此二者互为因果，李密自唯有降唐一途矣。至如《旧唐书·李密传》史臣曰："及偃师失律，犹存麾下数万众，苟去猜忌，疾趣黎阳，任世勣为将臣，信魏征为谋主，成败之势，或未可知。"则李勣本是翟让死党，李密安敢依之以自保，况其兵力已不足图王定霸，史臣之空文恐未必即为长策也。

---

[1] 详见《隋书·李密传》密对柴孝和语。

[2] 并详见《通鉴》卷一八六武德元年九月李密既杀翟让，颇自骄矜条。

八　刘武周之败溃

河西者，实亦古昔良马之渊薮，观于《汉书》卷二八下《地理志》有"故凉州之畜，为天下饶"之言，及《晋书》卷八六《张轨传》"凉州大马，横行天下"之歌可知也。《唐六典》卷三户部郎中员外郎条载有天下十道贡赋，其贡野马皮者，有关内道之灵州、丰州，河北道之安东单于，陇右道之甘、肃、瓜、凉、鄯等州。《通典》卷六《食货典》赋税条下载有天下诸郡每年常贡，其贡野马皮者，有九原郡（丰州），贡野马胯皮二十一片；单于都护府，贡生野马胯皮总十二片；安北都护府，贡生野马胯皮二十一片；武威郡（凉州），贡野马皮五张；晋昌郡（瓜州），贡野马皮；酒泉郡（肃州），贡野马皮两张；张掖郡（甘州），贡野马皮十张。《元和郡县图志》每州条下亦载有土贡，其贡野马皮者，有关内道之灵州、丰州，陇右道之兰州、凉州、甘州、肃州和沙州。诸书所记，皆玄宗时之制，是则河西之地，武威、酒泉、张掖、敦煌、晋昌诸郡，直至唐中叶，犹以野马为其土之特产。而《旧唐书》卷一三二《李抱玉传》（《新唐书》卷一三八同）："李抱玉，武德功臣安兴贵之裔[1]，代居河西，善养名马，为时所称。"斯又唐代河西多有名马之一例证也。唐自武德二年四月平河西灭李轨后，其军中精骑之补充，乃又可得一来源矣。

《新唐书》卷八八《赵文恪传》（《旧唐书》卷五七同）：

　　武德二年，擢都水监，封新兴郡公。时中国经大乱，马耗，会

---

[1] 箋案，据《新唐书》卷七五下《宰相世系表》武威李氏表及《金石萃编》卷一〇三《李抱真德政碑》，知抱玉实兴贵三世孙，新传作兴贵曾孙，误。

突厥讲和，诏文恪至并州，与齐王诱市边马以备军。

钱案：李元吉、赵文恪诱市蕃马之时间特与突厥、唐高祖及刘武周间之外交关系有关，其事俟于下篇论之。兹所欲言者，唐高祖于克定关中，削平陇右，尽得隋代主要监牧以后，犹继续市购突厥之马，则其重视战骑，盖可想见矣。

《旧唐书》卷二《太宗纪》（新纪同）载：

宋金刚之陷浍州也，兵锋甚锐。高祖以王行本尚据蒲州，吕崇茂反于夏县，晋、浍二州相继陷没，关中震骇，乃手敕曰："贼势如此，难与争锋，宜弃河东之地，谨守关西而已。"太宗上表曰："太原王业所基，国之根本，河东殷实，京邑所资。若举而弃之，臣窃愤恨。愿假精兵三万，必能平殄武周，克服汾、晋。"高祖于是悉发关中兵以益之。

钱案：刘武周据晋北数郡之地，于武德二年初始与唐室为敌，五月以后南下益亟，六月陷介州、石州[1]，九月陷并州。[2] 十月陷晋州、浍州。[3] 至此，临汾以北除浩州外，城镇皆为所略夺[4]，临汾以南如浍州及其属县

---

[1] 《新唐书·高祖纪》。

[2] 《旧唐书·高祖纪》。

[3] 《旧唐书·刘武周传》、《通鉴》卷一八七、《旧唐书·高祖纪》。

[4] 《通鉴》卷一八七武德二年九月裴寂至介休条。

亦入其掌握[1]，而夏县之吕崇茂、蒲州之王行本则与之相应。裴寂用足以破敌之兵力而不能保据度索原，元吉以强兵数万而不能固守太原[2]，唐之大将若姜宝谊、李仲文则一时被擒于介休[3]，若刘政会、刘弘基则分别见擒于并、晋。[4]刘武周兵锋之劲锐如此，宜关中为之震骇也。至高祖尽弃河东之地，而太宗谏阻之事，是否为史臣妄诬高祖、虚美太宗之辞，今则不易考知也。

《旧唐书》卷五五《刘武周传》（《新唐书》卷八六同）：

> 突厥立武周为定杨可汗，遗以狼头纛。因僭称皇帝。（略）武周授金刚西南道大行台，令率兵二万人侵并州，军黄蛇镇。又引突厥之众，兵锋甚盛，袭破榆次县，进陷介州。

同书卷六二《李纲传》（《新唐书》卷七九、《旧唐书》卷六四《元吉传》同）：

> 刘武周率五千骑至黄蛇岭，元吉遣车骑将军张达以步卒百人先尝之。达以步卒少，固请不行。元吉强遣之，至则尽没于贼。

---

[1] 《旧唐书·刘武周传》《通鉴》同上条。

[2] 事并在武德二年九月，详《旧唐书》卷五七《裴寂传》、卷六四《元吉传》。

[3] 《通鉴》卷一八七武德二年六月丁未条及考异。

[4] 《旧唐书》卷五八《刘政会传》《刘弘基传》。

寅恪案：刘武周起自马邑，与突厥为邻，称臣始毕，受可汗之号，实突厥之傀儡或附庸也。其大举寇扰既与处罗相表里，故突厥资之以马，助之以兵，宜乎其军中战骑特多，而裴寂、元吉、姜宝谊、刘弘基辈皆不能抗敌也。

《隋书》卷三〇《地理志》中：

　　长平、上党，人多重农桑，性尤朴直，盖少轻诈。（略）太原山川重复，实一都之会，本虽后齐别都，人物殷阜，然不甚机巧。俗与上党颇同，人性劲悍，习于戎马。离石、雁门、马邑、定襄、楼烦、涿郡、上谷、渔阳、北平、安乐、辽西，皆连接边郡，习尚与太原同俗，故自古言勇侠者，皆推幽、并云。然涿郡、太原，自前代以来，皆多文雅之士，虽俱曰边郡，然风教不为比也。

　　寅恪案：涿郡、太原较近内地，且宜于耕植，故皆为一都之会。自一方言之，其地虽人性劲悍，习于戎马。而自他方言之，则自古即"多文雅之士"，如范阳卢氏者，是北朝数百年来代表华夏文化之第一等高门，而太原温氏者，实亦唐代初期佐成灿烂文化之新兴名族。易言之，斯二地虽以民族迁徙之故，染有武勇之胡风，而以经济环境较优及汉化之历史背景殊久之故。犹得保存"文雅"之汉俗也。至若《隋书》此节所列之其他边郡，则位居塞上，迫近胡疆，既是高寒贫瘠之区，又为胡族往来之所，宜乎其地汉化甚浅，而胡化至深矣。刘武周所据之马邑、定襄、雁门诸郡皆属此类，故其部将多有胡人。兹略为证明如下。

《旧唐书》卷六八《尉迟敬德传》（《新唐书》卷八九同）：

尉迟敬德，朔州善阳人。大业末，从军于高阳，讨捕群贼，以武勇称，累迁朝散大夫。刘武周起，以为偏将。

钱案：敬德籍隶朔州，即与武周实同乡里，揆以敬德与武周同起马邑，自极可信。而《文苑英华》卷九一一许敬宗撰《尉迟恭碑》云"敬德河南洛人"，则与史传颇有不同。考北魏孝文迁洛，用夏变夷，凡诸复姓多改单音，尉迟氏改为尉氏即其一例。若尉迟敬德之先世果为迁洛之代人，则宜以尉姓，如尉元㧑[1]，不应保存复姓矣，此其可疑者一。敬德之先世若果曾历仕魏、齐、周、隋，且曾为京师要职，则不应仍以云朔为本土，此可疑者二也。至敬德是何胡族，亦略可推测者。《晋书》卷一二五《乞伏国仁载记》："结权死，子利那（应是国仁之曾祖）立，击鲜卑吐赖于乌树山，讨尉迟渴权于大非川。"《魏书》卷二《太祖纪》："天兴六年春正月辛未，朔方尉迟部别帅率万余家内属，入居云中。"案尉迟部落之始见中国史籍者，本在湟中一地，其后有服属于拓跋魏者，则由朔方入居云中，是此一部落之迁徙乃由西而东者，固可推知也。且《周书》卷二一《尉迟迥传》（《北史》卷六二同）云："尉迟迥，字薄居罗，代人也，其先魏之别种，号尉迟部，因而姓焉。"《魏书》卷一一三《官氏志》云："西方尉迟氏后改为尉氏。"尉迟氏既为魏之别种，则其族

---

[1] 参陈毅《魏书官氏志疏证》。

类当与鲜卑有别，拓跋魏本为西部鲜卑[1]，而《魏氏·官氏志》于尉迟部复以"西方"为言，又《通典》卷一九二《边防典》于阗国条云："今王姓尉迟"，然则中国之尉迟部殆即源出西域欤？

《旧唐书·刘武周传》（新传同）跋刘武周与同郡张万岁等斩马邑太守王仁恭起兵事。笺案，汉人中多有张姓，然张姓之居晋北者，实多胡人，如《北齐书》卷一九《张保洛传》云"代人也"，同书卷二〇《张琼传》云"代人也"，同书卷二五《张纂传》云"代郡平城人也"，皆可为例。所谓"代人"者，即指鲜卑或服属于鲜卑之部族而言[2]，张万岁为马邑人，傥亦其类欤？又张万岁降唐以后其事迹之可考者，见《张说之文集》卷一二《陇右监牧颂德碑》、《通鉴》卷二一二开元十三年张万岁掌国马条考异："《统纪》云：'万岁三世典群牧，恩信行陇右'。"马牧为唐初之要政，而唐帝专以委之张氏，岂不即以张万岁素以养马知名邪？夫羕马、相马，胡人之特长也，马邑亦非监牧之所在，而张氏乃以典掌牧政世其家，是不独可借以推知张万岁之种姓从业，亦可据见晋北一带之经济生活本同胡俗矣。

《旧唐书·刘武周传》（新传同）载，"贼将寻相又援王行本于蒲州"。笺案：寻姓之见于中国史籍者殆无所闻，寻相种姓之源出颇难确考。以昭武九姓中有火寻氏测之，岂寻相者亦西胡之族类邪？姑记此疑，以俟博证。

---

[1] 参《三国志·魏志》卷三〇《鲜卑传》注引《魏书》，《通鉴》卷七七魏纪景元二年鲜卑索头部大人拓跋力微始遣其子沙漠汗入贡条释推寅。

[2] 参周一良《领民酋长与六州都督》论张景略条，《历史语言研究所集刊》第二十本。

同上传载，"刘武周，河间景城人，父匡，徙家马邑。（略）武周骁勇善射，交通豪侠"。寅恪案，胡人之冒姓刘氏者众矣，刘武周之先世虽无从详考，然亦有出自胡族之嫌疑。据《魏书》卷四下《世祖纪下》：

（太平真君五年）六月，北部民杀立义将军、衡阳公莫孤，率五千余落北走。追击于漠南，杀其渠帅，余徙居冀、相、定三州为营户。

（七年）六月甲申，发定、冀、相三州兵二万人屯长安南山诸谷，以防越逸。

同书卷七上《高祖纪上》：

（延兴元年）冬十月丁亥，沃野、统万二镇敕勒叛。诏太尉、陇西王源贺追击，至枹罕，灭之，斩首三方余级；徙其遗迸于冀、定、相三州为营户。

同书卷七下《高祖纪下》：

（太和二十一年六月）壬戌，诏冀、定、瀛、相、济五州发卒二十万，将以南讨。

则知北魏之时往往徙叛胡于冀、定、相诸州之地，并以之为营户，由是河北一区遂为魏世精兵之所。刘武周先世即居于河间，即太和十一年以前定州之属郡，而武周复以骁勇善射著称，颇疑其本为营户之子孙也。

总之，在北朝前期恒朔一带本为未甚汉化之西部鲜卑统治政权之中心，西北各地之杂虏边戎移徙内居之区域，自孝文迁洛以后，斯土雖育之汉化既随之而遽衰，其保守之胡风亦愈形明显，及经正光、孝昌之乱，胡流南流，并朔之间已悉为六镇之流民所寄居[1]，其以北诸州自宜为犷悍之族类所充塞矣。高齐之世北朔州控临边荒，号为重镇[2]，北周、杨隋时，马邑一带犹是防御突厥之要地，是故晋北之胡人久居而不能革其雄武之风，其汉人亦随环境而多习戎马之务。尉迟敬德之擅长长矟冠绝时流，张万岁之典掌牧政著闻唐史，要皆与民族地域二端有关，而张氏特擅长养马，乃尤足代表当日晋北之习俗生活者也。然则刘武周本身所部率者，亦宜士马精强，其扬威汾并，要不仅由于突厥之助力也。

《通鉴》卷一八八武德三年四月丙辰条胡注云："秦王之破刘武周、宋金刚，与破薛仁杲、宗罗睺方略一也。"案，刘武周起自边陲，将骁卒悍，拥大量之精骑，借战胜之余威，皆与薛氏如出一辙，此太宗所以运用同一方略破之也。

前分析浅水原太宗破薛、宗之役，其方略可约为二端，即一曰：坚壁不战，以挫敌锋，待其粮尽气馁而后击之。二曰：既胜之后，以精骑急蹑敌之主力，蹙之使疲，驱之使散是也。此时太宗之破刘武周、宋金刚亦不外此。略引史文以证释之。

关于第一事。

---

[1] 参《魏书》卷一○六上《地形志上》恒州以下诸条及《北齐书》卷一《神武纪上》。

[2] 参《北齐书》卷一二《范阳王绍义传》。

《通典》卷一五五《兵典》坚壁挫锐条[1]：

武德中，太宗率师往河东讨刘武周。（略）太宗登玉壁城睹贼，顾谓道宗曰："贼恃其众来邀我战，汝谓何如？"对曰："群贼锋不可当，易以计屈，难与力竞。今深壁高垒以挫其锋，乌合之徒莫能持久，粮运致竭，自当离散，可不战而擒。"太宗曰："汝意见暗与我合。"后贼果食尽夜遁。

笺案：自武德二年十一月太宗率师自龙门渡河屯于柏壁，至次年四月宋金刚以馈运不继引兵北退，唐之大军坚壁而不与宋金刚交战者凡历时五月之久，较之浅水原一役唐、秦两军相持六十余日者，更有过之也。据此所引，则知太宗于渡河之始，即已蓄兵法所谓"敌饥俟其弊击之"与"坚壁挫锐"之计于胸矣。

《通鉴》卷一八八武德二年十一月：

时河东州县，俘掠之余，未有仓廪，人情恇扰，聚入城堡，征敛无所得，军中乏食。世民发教谕民，民闻世民为帅而来，莫不归附，自近及远，至者日多，然后渐收其粮食，军食以充。乃休兵秣马，唯令偏裨乘间抄掠，大军坚壁不战，由是贼势日衰。

笺案：河东于俘掠之余，其州县则未有仓廪，其人民则聚入城堡。

---

[1] 《旧唐书》卷六〇、《新唐书》卷七八《江夏王道宗传》并同。

太宗于渡河之初"征敛无所得",谅宋金刚南下以后,当亦与相同,观此所引,则知唐太宗与宋金刚之大军虽坚壁不战,而其偏师对于粮秣之争夺则颇为激烈,史言太宗使"偏裨乘间抄掠"以弊敌军,盖即指抄掠粮秣而言也。

《元和郡县图志》卷一二河东道河中府绛州正平县条:"望,郭下……柏壁在县西南二十里。"同卷龙门县条:"望,东至州一百二十里……黄河北去县二十五里,即龙门口也。"

钱案:唐之大军驻屯柏壁,其地在汾水之下游,西距黄河不过百里之遥,越河而西即是三辅之所在,故唐军之饷馈殊无断绝之虞,且春季冰融之后,汾河、渭水均可转漕于此,知唐太宗之军粮供应较之宋金刚为优者,又不仅由于河东之民心归附也。

《通典》卷一五五《兵典》敌饥以持久弊之条[1]:

> 刘武周据太原,使其将宋金刚屯于河东。太宗往征之,谓诸将曰:"金刚悬军千里,深入吾地,精兵骁将,皆在于此。武周自据太原,专倚金刚,以为捍蔽。金刚虽众,内实空虚,虏掠为资,意在速战。我坚营蓄锐,以挫其锋,分兵汾、隰,冲其心腹。彼粮尽计穷,自当遁走。当待此机,未宜速战。"

于是遣刘弘基等绝其粮道,其众遂馁,金刚乃遁。

---

[1] 《旧唐书》卷二《太宗纪上》略同。

《旧唐书》卷六二《李纲传》[1]：

并州遂陷，高祖怒甚，谓纲曰："元吉幼小，未习时事，故遣窦诞、宇文歆辅之。强兵数万，食支十年，起义兴运之资，一朝而弃。"

钱案：唐代史臣往往过为夸张之辞，用彰元吉之恶。以此揆之，则"食支十年"之语似未可尽信，但高祖起兵之初裴寂曾进米九百万斛，取相参证，知晋阳仓廪充实，要为无可疑者。太原此时既为刘武周所据有，斯太宗必须绝其粮道也。唯《旧唐书》卷五八《刘弘基传》云："从太宗屯于柏壁，率兵二千自隰州趋西河，断贼归路。时贼锋甚劲，弘基坚壁不能进。"虽史文不备，未能详考，然颇疑其事与《通典》所记太宗遣弘基等绝其粮道者实为一事。若尔则刘弘基似未能达成其任务，而宋金刚以粮断卒馁而引退者，亦必有别故矣。

《起居注》卷二：

（大业十三年）秋七月，壬子，以四郎元吉为太原郡守，留守晋阳宫，文武后事并委焉。义师欲西入关，移营于武德南。癸丑，将引，（略）是夕，次于清源。（略）壬寅，遣通议大夫张纶等，率师经略稽胡、离石、龙泉、文成等诸郡。丙辰，至于西河。（略）乙丑，张纶等下离石郡。（略）入自雀鼠谷，次于灵石县。壬戌，霖雨甚，顿营于贾胡堡，去霍邑五十余里。此县西北抗汾水，东拒霍太山，

---

[1] 《旧唐书》卷六四《元吉传》、《新唐书》卷九九《李纲传》同。

守险之冲，是为襟带。

《元和郡县图志》卷一三河东节度使管汾州介休县条：

雀鼠谷在县西十二里。

《通鉴》卷一八七：

（武德二年夏，四月）庚子（张达）引武周袭榆次，陷之。（略）丙辰，刘武周围并州，齐王元吉拒却之。戊午，诏太常卿李仲文将兵救并州。（略）（五月）丙戌，刘武周陷平遥。（略）（六月）武周以金刚为西南道大行台，使将兵三万寇并州。丁未，武周进逼介州，沙门道澄以佛幡缒之入城，遂陷介州；诏左武卫大将军姜宝谊、行军总管李仲文击之。武周将黄子英往来雀鼠谷，数以轻兵挑战，兵才接，子英阳不胜而走，如是再三，宝谊、仲文悉众逐之，伏兵发，唐兵大败，宝谊、仲文皆为所虏。既而俱逃归，上复使二人将兵击武周。（略）癸亥，以寂为晋州道行军总管，讨武周，听以便宜从事。（略）（九月）裴寂至介休，宋金刚据城拒之。寂军于度索原，营中饮涧水，金刚绝之，士卒渴乏。寂欲移营就水，金刚纵兵击之，寂军遂溃，失亡略尽，寂一日一夜驰至晋州。先是，刘武周屡遣兵攻西河，浩州刺史刘赡拒之，李仲文引兵就之，与共守西河。及裴寂败，自晋州以北城镇俱没，唯西河独存。（略）

刘武周进逼并州，齐王元吉给其司马刘德威曰："卿以老弱守

城，吾以强兵出战。"辛巳，元吉夜出兵，携其妻妾弃州奔还长安。元吉始去，武周兵已至城下，晋阳土豪薛深以城纳武周。（略）

武周据太原，遣宋金刚攻晋州，拔之，虏右骁卫大将军刘弘基，弘基逃归。金刚进逼绛州，陷龙门。

同上：

（武德二年七月）辛卯，宋金刚寇浩州，浃旬而退。

同书卷一八八：

（武德二年）十一月，己卯，刘武周寇浩州。
（武德三年）三月，乙丑，刘武周遣其将张万岁寇浩州，李仲文击走之，俘斩数千人。（略）甲申，行军副总管张纶败刘武周于浩州，俘斩千余人。

《元和郡县图志》卷一三河东节度使：

（汾州）皇朝初改为浩州，武德三年又改浩州为汾州。
（介休县）西北至州六十五里。
（平遥县）西北至州八十里。

《旧唐书·刘武周传》：

初，武周引兵南侵，苑君璋说曰："（略）且并州已南，地形险阻，若悬军深入，恐后无所继。不如连和突厥。结援唐朝，南面称孤，足为上策。"武周不听，遣君璋守朔州，遂侵汾、晋。

钱案：太原与晋南之交通自灵石以北，凡有二线，其一线沿汾水之东侧，经榆次、平遥、介休诸县境以达灵石，斯即刘武周所采用者；另一线沿汾水西侧，经清源、西河，渡河以达灵石，斯即高祖所采用者。此二线东西相去至近，而西线重镇之西河尤为军家所必争。观于《起居注》卷一，高祖于发引兵行以前有"辽山守株，未足为虑，西河绕山之路当吾行道，不得留之"之言，可知此刘武周所以屡寇浩州（即西河）也。夫太原以南山势险阻，刘武周已艰于军粮之运输，而西河一地终不能据有，则其交通线之西侧易受敌兵之袭击矣。

《新唐书》卷八六《刘武周传》：

武周攻李仲文于浩州，不胜；遣将黄子英护饷道。骠骑大将军张德政袭斩之，虏其众。武周部将稍离。金刚以粮道乏卒饥引去。

《旧唐书·刘武周传》：

武周复攻李仲文于浩州，频战皆败，又馈运不属，贼众大馁，于是金刚遂遁。

錢案：刘武周不能攻占西河，故太原与晋南之交通，其汾水西侧之一线无从利用，而汾水东侧之一线，亦大受威胁，此所以必须遣军护饷道也。及护饷之主将黄子英为张德政所袭斩，其军粮之损失必甚严重，宋金刚军"粮运致竭"，自不得不全师以退矣。张德政者，据《通鉴》卷一八八武德三年四月丙辰条，"金刚轻骑走，世民追之数十里，至张难堡。浩州行军总管樊伯通、张德政据堡自守，世民免胄示之，堡中喜噪且泣"，知其人即驻守之唐军将领。《通典》卷一四九《兵典》法制条云，"孙膑曰：用骑有十利。（略）五曰遮其粮食，绝其军道"。遮敌粮食，宜出偷袭，偷袭之要，在于急骤，此所以利于骑战也。以此揆之，岂张德政所用以袭斩黄子英者亦即骑兵欤？又刘弘基率兵趋西河时，宋金刚尚未引退，颇疑太宗分兵之本意实在袭敌粮道，而不在断其归路。《刘弘基传》"率骑邀之"之文，知弘基所部率者多有骑兵，是可与此说相参证者也。

关于第二事。

《通典》卷一六二《兵典》乘胜条：

金刚遁走，太宗追击，大破之，乘胜逐北，一日一夜行二百余里，转战数十合，士卒疲弊。至高壁岭，总管刘弘基执马而谏曰："糇粮已竭，士卒疲顿，愿且停营，待兵粮咸集而后决战。"太宗曰："功者，难成易败；机者，难得易失。金刚走到汾州，众心已沮。我及其未定，当乘其势逐之，此破竹之义也。如更迟留，贼必生计。此失机之道。"遂策马而去，诸军乃进，莫敢以饥乏为辞，夜宿于雀鼠谷之西原。太宗不食二日，不解甲三日。军中苦饥。此夕唯有一羊，太宗抚将士，与之同食。三军感恩，皆饱而思奋。明日趋汾州，金刚列阵南北七里以抗官军。太宗遣总管李勣等当其北，翟长孙等当其南，亲御大军以临之。诸军战小却，为贼所乘。太宗率精骑三千直趋金刚，贼众大溃。

《旧唐书》卷二《太宗纪上》：

诸军战小却，为贼所乘。太宗率精骑击之，冲其阵后，贼众大败，追奔数十里。

《旧唐书·刘武周传》：

太宗复追及金刚于雀鼠谷，一日八战，皆破之，俘斩数万人，获辎重千余两。金刚走入介州，王师逼之。金刚尚有众二万，出其西门，背城而阵，太宗与诸将力战破之，金刚轻骑遁走。

钱案，唐太宗追击宋金刚之问题，首当注意者为时间与道里综合之推计。兹录《元和郡县图志》所记自柏壁至介休之里程如下。

卷一二河东道河中节度使管绛州条：东北至晋州一百四十里。

绛州正平县条：望郭，柏壁在县西南二十里。

晋州条：东北至汾州三百六十里。[1]

---

[1]《通典》卷一七九《州郡九》平阳县条作三百九十里。

晋州霍邑县条：南至州一百五十里，武德元年废（霍山）郡复置吕州县属焉，贞观十七年废吕州县又隶晋州。

卷一三河东通河东节度使管汾州介休县条：西北至州六十五里，雀鼠谷在县西十二里。

汾州灵石县条：北至州一百二十里。

《通典》卷一七九《州郡》古冀州下条：灵石东南有高壁岭。

据此可知，由南而北，柏壁至绛州为二十里，绛州至晋州一百四十里，晋州至霍邑一百五十里，霍邑至灵石九十里，而高壁岭在其间。灵石至介休约六十里，而雀鼠谷在其间（若依灵石至汾州一百二十里减介休至汾州六十五里，则得灵石至介休为五十五里，然灵石至汾州实不经介休，故灵石至介休应较五十五里为略远），此太宗追兵里程之大略也。

《旧唐书·刘武周传》载刘武周将尉迟敬德袭破李孝基营后，"还浍州"。据此，宋金刚之大军似集于浍州。浍州即翼城县，其地虽西南距绛州一百里[1]，然大抵在州之东而略偏北，与介休之距离约略与柏壁相等或稍近，唯相差要亦不出数十里。此宋金刚退兵道里之略可推知者也。宋金刚以丁未日自浍州退，至甲寅其部将寻相为太宗追及于吕州，以柏壁至霍邑之距离为三百一十里，而时间为七日，计之则唐军平均每日约行四十五里（疑宋金刚引退在夜，而唐军之追蹑在昼），若寻相撤兵在前，且翼城与霍邑之距离又较柏壁为近，是其行军速度更缓于此矣。盖翼城附近之地形颇称险阻，而宋金刚全军引退，不独包括步兵，且有辎重，宜乎其行军之迟缓。至于唐军方面，则此时既未尝击破敌军，故追

---

[1] 《元和郡县图志》卷一二。

蹑之兵亦必为步骑全师，斯所以军行亦不能甚速也。四月甲寅太宗击败寻相于吕州，其追及宋金刚于雀鼠谷之日似应在乙卯。史文所谓一昼夜行二百余里者，据霍邑至灵石为九十里而高壁岭在其间观之，虽似有夸张之嫌，但甲寅一日太宗于追及寻相以前必先已行军若干里，而追及寻相以后，又复转战数十合，则其经历之里程自不能据通常某二地之空间距离为推测，是此说要亦与事实相去不远也。夫一昼夜间行二百里之遥，且须转战数十合，其劳剧自非步兵所能胜，然则太宗所率以追击者，殆其骑兵莫属焉。又刘弘基之谏阻太宗以"俟兵粮咸集"为言，岂不以太宗于击败寻相后，迳以精骑腾逐，以致大军在后耶。

复次，太宗与宋金刚介州城下之战，事在丙辰。其乙卯日之夜，唐大军是否已到达雀鼠谷殆不可知。[1]唯需注意者，唐太宗所遣之将为李勣、程咬金、秦叔宝、翟长孙、秦武通诸人，其中程咬金、秦叔宝则旧属李密之骑将，翟长孙则旧属薛举之骑将，且此三人者降唐后并分领太宗之精骑玄甲兵，颇疑太宗于介州城下亦以骑兵为主力也。至于太宗率精骑三千出敌阵后，则又为唐将善用此种骑兵战术之一证。

---

[1] 霍邑至雀鼠谷约一百四十里，若不须迂回转战，则以二日之时间，步兵亦可到达。

唐太宗"贞观之治"与隋末农民战争的关系

一

毛主席在《中国革命和中国共产党》第一章第二节《古代的封建社会》中，总结性地指出中国历史上的农民起义和农民战争的巨大意义说：

> 中国历史上的农民起义和农民战争的规模之大，是世界历史上所仅见的。在中国封建社会里，只有这种农民的阶级斗争、农民的起义和农民的战争，才是历史发展的真正动力。因为每一次较大的农民起义和农民战争的结果，都打击了当时的封建统治，因而也就多少推动了社会生产力的发展。（《毛泽东选集》第二卷）

这个概括的说明，科学地指出了农民群众起来打击封建统治的阶级斗争是古代中国封建社会发展的根本动因，强有力地驳斥了把中国封建社会的发展、变化归结为帝王将相行动结果的历史唯心论谬说，给予了我们正确研究中国封建社会历史的钥匙。

隋末农民战争是中国历史上规模最大的全国性的农民战争之一。它沉重地打击了当时的封建统治，因而，它也就起着推动社会生产力发展的作用。

要想全面地了解隋末农民战争推动社会生产力发展的问题，必须研究许多分目。例如：（一）隋末统治者对农民施行残酷剥削和压迫的情况；（二）隋末农民战争的经历；（三）唐初统治者的——用相对减轻对农民的剥削和压迫的方法以求巩固统治权的——思想，以及农民战争对于这种思想的形成的作用；（四）唐初的对农民作相对让步的具体政策及其实行的程度；（五）唐初社会生产力的发展的具体表现等等。

不难看出，这些分目是互相关联着的。譬如说，如果不知道隋末统治者对于农民施行了怎样残酷的剥削和压迫，就不能了解隋末农民战争之所由兴起；如果不知道这种统治对于生产的破坏是如何地严重，也就不能完全了解隋末农民战争的重大意义。又譬如说，如果不知道隋末农民战争的经历，不知道起义军如何兴起，如何由小到大，由弱到强，由分散到集中，由据险自守到进攻城市，由劣势地位转向优势以至基本摧毁隋朝的统治；不知道例如像唐高祖李渊如何在起义军的壮大声势之下，由镇压农民起义转向利用农民起义，并与李密起义军连和；不知道例如像李渊的军队怎样在起义军，主要是李密起义军牵制住隋军主力的条件下，才获得由山西渡河入陕，进而夺取长安的可能等等的问题，就不能完全了解为什么唐初统治者懂得一些农民的力量，从而采取了对农民作相对让步的政策；同样，如果不知道农民在起义的过程中，如何给予整个大地主阶级,特别是关东士族(北朝以来山东、河北、河南的大地主)以沉重的打击,也就不能了解唐初的对农民相对让步的某些政策,例如"均田"制度,为什么还可以在某种程度上比较有效地实施(这里所说"有效"只是比较而言,实际在封建制度下,不独所谓"均田制"本身并不触动地主阶级的根本利益,而且其实施的程度也有极大的限制,唐初并不例外),等等。但因篇幅有限,本文仅围绕着第三点进行研讨。其他分目,俟以后再论。

二

在分析以唐太宗李世民为代表的唐初统治者的——用相对减轻对农民的剥削和压迫的方法以求巩固统治权——思想之前,先须指出一个客观事实,即:隋末农民大起义爆发于隋代还处于号称富强的时期,而不久以后,由于起义军以及在起义军影响下兴起的反隋军的沉重摧击,隋便结束了它的统治。

隋的统治时间极为短促,自公元581年隋文帝杨坚"代周",创建隋朝起,至公元618年隋炀帝杨广被杀、最后覆亡止,历时只三十七年。而农民起义爆发于隋炀帝第一次大举进攻高丽之前一年,即公元611年,上距隋文帝始建国,不过三十年;上距隋文帝灭陈、统一中国之年,即公元589年,只不过二十二年。

在隋代,朝廷拥有巨大财富。唐史家杜佑说:"隋氏西京太仓,东京含嘉仓、洛口仓,华州永丰仓,陕州太原仓,储米粟多者千万石,少者不减数百万石。天下义仓,又皆充满。京都及并州库,布帛各数千万。"(《通典》卷七《食货·丁中》原注)炀帝中年以后,以用兵频仍和奢靡滥用之故，虽然耗费极多，但直至起义军大兴之时，仓廪府库，仍称充实。例如：李密"开洛口仓散米"，就食者"近百万口，无瓮盎，织荆筐淘米，洛水两岸十里之间，望之皆如白沙"（《通鉴》卷一八六武德元年九月）；王世充据东都（东京洛阳），城内"布帛山积，至以绢为汲绠，然（燃）布以爨"（《通鉴》卷一八三义宁元年四月）。唐高祖李渊所占有的晋阳，号称"食支十年"（《旧唐书》卷六四《巢王元吉传》）。西京（长安）的府库，则直至贞观年间，犹未用尽（《贞观政要》卷六《论奢纵》马周疏）。

隋又是结束了将近三百年分裂局面，完成统一南北的朝代。在巩固边境国土方面，也获得很多进展。北方，隋促使突厥分裂的政策收到效果，并在军事上屡次给予突厥以重创。南方，公元605年，隋的军事力量继秦汉以来再次及于印支南部，建立了林邑郡。西方，隋于公元608、609两年间，连续进击吐谷浑，获得决定性胜利，并以其地置河源、西海三郡（在今青海）。同时，隋以兵力威胁伊吾，迫使高昌王及伊吾吐屯设"入朝"，并迫使吐屯设"献西域数千里之地"，因置鄯善、且末二郡（在今新疆）。东方海上，公元610年，即农民起义前一年，隋遣兵万余人泛海登流求（今台湾），进一步加强了联系。唐初人形容隋的强盛说："统一寰宇，甲兵强锐"，"风行万里，威动殊俗"（《贞观政要》卷一《论君道》魏征疏）。

农民起义军和在起义军影响下兴起的反隋军所推倒的，就是这个拥有巨大财富的皇朝，就是这个负有统一国内和威震四邻声威的皇朝，就是这个号称"甲兵强锐"的皇朝。

远征高丽的失败确是削弱了隋朝的力量，有助于农民起义军和反隋军的蓬勃发展。然而，隋末农民起义不是爆发于远征失败之后，而是爆发于大举出师之前，终究是个事实。隋由全盛而骤告覆亡，终究是个事实。

三

唐太宗具有用相对减轻对农民的剥削和压迫的方法以求巩固统治权的思想。这在他的言论中表现得很明白。现在就来看一看他的一些言论：

> 为君之道，必须先存百姓，若损百姓以奉其身，犹割股以啖腹，腹饱而身毙。（《贞观政要》卷一《论君道》）

> 天子者，有道则人推而为主，无道则人弃而不用，诚可畏也。（同书同卷《论政体》）

> 近自建立太子（即后来的唐高宗），遇物必有诲谕，见其临食将饭，谓曰："……凡稼穑艰难，皆出人力，不夺其时，常有此饭。"见其乘马，又谓曰："……不尽其力，则可以常有马也，"见其乘舟，又谓曰："……舟所以比人君，水所以比黎庶，水能载舟，亦能覆舟。尔方为人主，可不畏惧！"（同书卷四《论教戒太子诸王》）

> 崇饰宫宇，游赏池台，帝王之所欲，百姓之所不欲。帝王所欲者放逸，百姓所不欲者劳弊。……劳弊之事，诚不可施于百姓。（同书卷六《论俭约》）

> 末代亡国之主，为恶多相类也。齐主（北齐后主高纬）深好奢侈，所有府库，用之略尽，乃至关市无不税敛。朕常谓此犹馋人自食其肉，肉尽必死。人君赋敛不已，百姓既弊，其君亦亡，齐主即是也。（同书卷八《辨兴亡》）

唐太宗论及君民关系，引用古语，把人君比作舟，把人民（主要是农民，下言人民同此）比作水。既然水能载舟，亦能覆舟，既然皇帝能否做得成，要看广大人民群众的趋向来决定，所以，他说，"可不畏惧？""诚可畏也"。

那么，为什么人君会被人民所推倒，会被人民摈弃而不用，如同船会被水打翻一样呢？

唐太宗认为极度剥削人民，则必致危亡。他把这比作馋人自割其肉以啖腹，腹饱而身亦毙。

那么，究竟有什么方法可以避免覆舟亡国之祸呢？

唐太宗说，"必须先存百姓"，"不尽其力"。用现在的话来说，就是要让人民活得下去，不要把他们榨取到活不下去的地步。

唐太宗说："不夺其（农）时。"就是不要在农忙季节，强迫农民服役，好让他们能正常进行生产。

唐太宗说："劳弊之事，诚不可施于百姓"。就是不要把过重的徭役加在人民身上。

唐太宗说，不能"赋敛不已"，就是不要把过重的赋税加在人民身上。

诸如此类。

从这些例子，就能够看出，在这里，唐太宗的思想可以用一句话来概括，即：用相对减轻对农民的剥削和压迫的方法，以求巩固统治权。

在这里，又可指出，虽然唐太宗的这种思想并不包含什么新的内容，而只不过是以前的某些思想家已经有过的那些思想；他的有关如何对待农民的言论也并不是什么新颖的东西，而只不过是重复以前的某些思想家的有关统治方法的格言，或者，至多也不过略加发挥而已，但是，这并不等于说，他的这种思想、他的这类言论就没有注意的价值，就不值得花费时间加以讨论。因为，研讨他的这种思想，有助于我们了解中国古代史上一个极重要的问题，即中国农民战争在中国古代封建社会的发展中所起的作用这一问题。因为，他的这类言论并不纯是空谈，并不全和行动脱节，他所施行的一些政策，例如减轻徭役，减轻租税，以及在某种限度内的"均田制"等等，是和他在这些言论中所表现出来的思想有着一定程度的关联的。

这类思想在当时并不是唐太宗所独有，在唐太宗的大臣中，也相当普遍地存在着。请举魏征的几次论"奏"为例：

> 百姓欲静而徭役不休，百姓凋残而侈务不息，国之衰弊，恒由此起。（《贞观政要》卷一《论君道》）
>
> 怨不在大，可畏惟人，载舟覆舟，所宜深慎，奔车朽索，其可忽乎！（同上）
>
> 臣又闻古语云："君，舟也；人（民，唐太宗名世民，唐人避讳，用"人"代"民"），水也。水能载舟，亦能覆舟。"陛下以为可畏，诚如圣旨。（同书卷二《论政体》）
>
> 昔子贡问理人于孔子，孔子曰："凛乎若朽索之驭六马。"子贡曰："何其畏哉？"子曰："不以道导之，则吾雠也，若何其无畏？"（同书卷十《论慎终》）

更举岑文本的论"奏"为例：

暂有征役，则随日凋耗。凋耗既甚，则人不聊生；人不聊生，则怨气充塞，怨气充塞，则离叛之心生矣。故帝舜曰："……可畏非（惟）民。"孔安国曰："……君失道，人（民）叛之，故可畏。"仲尼曰："君犹舟也，人犹水也，水所以载舟，亦所以覆舟。"（同书卷十《论灾祥》）

用不着更多的引证，就可以说明，唐太宗及其某些大臣都重复地引用这些古语，都存在着畏惧引起人民反抗，以致不能保持统治权的心理。而这不能是偶然的。

四

唐太宗及其大臣们所引用的古语，例如载舟覆舟之喻，例如可畏惟民之论，当其产生之时，自必有其所由产生的社会物质环境，这里不加探究。这里所要注意的是：诚然，这类古语载在儒家典籍中，曾长期为封建士大夫所习诵；诚然，这类古语于千百年中，曾不止一次地被封建统治者所援引过（例如三国魏明帝时的王基就曾在一个"谏疏"里引用过载舟覆舟之喻），但我们总可以说，这种思想，在唐太宗统治时期，要比在其他时期较为活跃一些。究竟为什么贞观时期的君臣，如此不惮厌烦地重复着这些古语，并且唐太宗还引申出例如割肉啖腹一类的言论呢？为什么贞观时期，这类思想还真在一定程度上指导当时统治者的行动，例如唐太宗曾多次接受臣下"谏诤"，中止某些扰民之举或减轻其程度，因而被称为"虚心纳谏"之君呢？这在唐太宗及其大臣们的言论中，也可以得到答复。

且看唐太宗这些言论：

> 往昔初平京师，官中美女珍玩，无院不满。炀帝意犹不足，征求无已。兼东西征讨，穷兵黩武，百姓不堪，遂致亡灭。此皆朕所目见。故夙夜孜孜，惟欲清净，使天下无事，遂得徭役不兴，年谷丰稔，百姓安乐。（《贞观政要》卷一《论政体》）

> 隋炀帝广造宫室，以肆行幸，自西京至东都，离宫别馆，相望道次，乃至并州、涿郡，无不悉然。驰道皆广数百步，种树以饰其傍。人力不堪，相聚为贼（起义）。逮至末年，尺土一人，非复己有。以此观之，广宫室，好行幸，竟有何益？此皆朕耳所闻，目所见，深以自诫。故不敢轻用人力，惟令百姓安静，不有怨叛而已。（同书卷十《论行幸》）

> 秦始皇平六国，隋炀帝室有四海，既骄且逸，一朝而败，吾亦何得自骄也？言念及此，不觉惕焉震惧？（同书卷十《论灾祥》）

由此可见，施行对农民相对让步的政策是形成"贞观之治"的原因。而唐太宗所以施行这种政策，是因为：隋末农民战争摧毁了隋朝的统治，这个事实，反映到他的脑中，使他认识到，施行对农民相对让步的政策，"使百姓安静"，是确保统治权——皇位的方法，使他明确地具有用相对减轻对农民的剥削和压迫的方法来巩固统治权的思想。而这种思想也就指导着他对农民作相对让步的行动，指导着他施行对农民作相对让步的政策。

由此可见，隋末农民起义爆发于隋代还处在号称富强的时期，其结果是推翻了一个号称富强的皇朝，隋由全盛而骤然覆亡，这样的事实，使唐太宗"惕焉震惧"，而感到有对农民作相对让步的必要。

由此可见，唐太宗之所以具有上述思想，其根本原因，就在这里。至于那些先行的思想材料，即唐太宗曾经引用过的古语，则不是离开这个根本的原因而单独地起特殊作用的。

且再看魏征的"奏疏"：

殷鉴不远，可得而言。昔在有隋，统一寰宇，甲兵强锐，三十余年，风行万里，威动殊俗，一旦举而弃之，尽为他人之有。……〔炀帝〕恃其富强，不虞后患。……宫苑是饰，台榭是崇，徭役无时，干戈不戢。……民不堪命，率土分崩。……〔愿陛下〕鉴彼之所以失，念我之所以得。（《贞观政要》卷一《论君道》）

且我〔国家〕之所代，实在有隋，隋氏乱亡之源，圣明之所临照。以隋氏之府藏譬今日之资储，以隋氏之甲兵况当今之士马，以隋氏之户口校今时之百姓，度长比大，曾何等级？然隋氏以富强而丧败，动之也。我以贫穷而安宁，静之也。……昔隋氏之未乱，自谓必无乱；隋氏之未亡，自谓必不亡。所以甲兵屡动，徭役不息。……夫鉴形之美恶，必就于止水；鉴国之安危，必取于亡国。故诗曰："殷鉴不远，在夏后之世。"又曰："伐柯伐柯，其则不远。"臣愿当今之动静，必思隋氏以为殷鉴，则存亡治乱，可得而知。（同书卷八《论刑法》）

唐太宗曾评断魏征的功劳说："贞观以前，从我平定天下，周旋艰险，〔房〕玄龄之功无所与让。贞观之后，尽心于我，献纳忠谠，安国利人，成我今日功业，为天下所称者，惟魏征而已。"(《贞观政要》卷二《论任贤》）又说："贞观初，人皆异论，云当今必不可行帝道、王道，惟魏征劝我。既从其言，不过数载，遂得华夏安宁，远戎宾服。……皆魏征之力也。"（同书卷一《论政体》）唐太宗认为魏征是"佐成贞观之治"的第一功臣，认为他的最大功劳在于劝行"帝道""王道"。魏征这两个奏疏虽然都是贞观十一年所写，距贞观初已有十年以上，但却极清楚地表示出他的一般看法。那么，唐太宗所说的行"帝道""王道"，也无非是如魏征所说的"静之"。"静之"的意思就是安定农民，就是不过分扰民，不兴大役，也就是施行对农民相对让步的政策。唐初"贞观之治"的秘密，即在于此。而魏征所以劝行这种政策，乃由于他见到了"隋氏以富强而丧败，动之也"这个教训。诚然，在当时，农民战争的强大力量是相当普遍地反映到统治者的大脑中，而魏征出自李密所领导的一支农民起义军，他对于农民战争力量的强大，对于农民愤恨残酷剥削和压迫的情绪的强烈，原本可以体察得较深刻些。

且再看一看张玄素在一次"奏对"中的言论和他一次"直谏"的情形：

臣又观隋末沸腾，被于宇县……人君不能安之，遂致于乱。陛下若近览危亡，日慎一日，尧舜之道，何以能加。（《旧唐书》卷七五《张玄素传》）

贞观四年，诏发卒修洛阳之乾元殿……给事中张玄素上书谏曰："……微臣窃思秦始皇之为君也，藉周室之余，因六国之盛，将贻之万叶，及其子而亡，谅由逞嗜奔欲，逆天害人者也。是知天下不可以力胜……臣闻阿房〔宫〕成，秦人散；章华〔台〕就，楚众离；乾元〔殿〕毕工，隋人解体。且以陛下今时功力，何如隋日？承凋残之后，役疮痍之人，费亿万之功，袭百王之弊，以此言之，恐甚于炀帝远矣。"……太宗谓玄素曰："卿以我不如炀帝，何如桀纣？"对曰："若此殿卒兴，所谓同归于乱。"太宗……顾谓房玄龄曰："……所有作役，宜即停之。"（《贞观政要》卷二《论纳谏》）

秦隋兴亡，甚相近似，张玄素远论秦亡，实亦近喻隋败，结言"天下不可以力胜"。张玄素认为隋之致败，在于人君不能安民。故劝唐太宗"近览危亡，日慎一日"。此与魏征所论并无二致。张玄素曾经参加过窦建德领导的农民起义军，他对于农民战争力量的强大，对于农民愤恨残酷剥削和压迫的情绪的强烈，原本可以体察得较深刻些。

有人以为贞观致"治"，在于唐太宗"能纳谏"。这种提法似嫌抽象些。固然，贞观时，群臣"进谏"，太宗"纳谏"，所涉及的范围很广。但也不难看出，其中极大部分，类如止徭役，息征战，戒奢纵，"取信于民"，"居安思危"，"慎终如始"（晚年行动要和贞观初年一样）等等，都直接或间接关涉到对农民作相对让步这个主题。张玄素谏修乾元殿一事，甚为唐初人所重视，魏征曾极加称叹说："张公论事，遂有回天之力"，正是由于他阻止了一次大"兴发"。

其他论及以亡隋为戒的例子还很多，不能备举。

综括以上所引，可以说明什么问题呢？

首先，唐初的统治者，在分析隋的覆亡原因时，不能不看到这样的事实，即隋炀帝"穷奢极侈"，"徭役不息"，"穷兵黩武，干戈不戢"以致"民不堪命"，群起反抗，终于"率土分崩"，"身死国灭"。虽然他们有时也把隋的覆亡，归之于其他原因，类如隋文帝"溺宠废嫡，托付失所"（指废杨勇而立隋炀帝杨广为太子事），隋炀帝"护短拒谏""偏信佞臣"等等，但这些仍旧是围绕着隋炀帝施行暴虐统治，终致引起农民大起义这个主题。唐初统治者既然亲见隋的覆亡，取为前车之鉴，因而，隋末农民战争推倒隋的统治这个事实，也就在根本上规定着唐初的政策。

其次，在隋的覆亡原因中，不掺杂例如外戚宦官专政，特别是例如武将恃兵跋扈之类的问题。隋的覆亡在于地主阶级对农民的极度剥削和压迫，迫使农民举行起义，以反抗地主阶级的统治，这是赤裸裸地暴露着的，没有什么其他原因来遮盖、混淆问题的实质。这一点，即没有什么来转移或分散唐初统治者的视线，也就有力地影响着唐初的政策。

最后，隋在覆亡以前，是一个号称富强的朝代。但是，朝廷富足而人民穷困不堪，帝王好战而人民不愿送死。终于，隋被农民战争所推倒。这就使新的统治者看到，农民的力量是无比强大的，一个政权如果对农民施行残酷压榨，达到农民不能容忍的程度，它就必将被农民的力量葬入坟墓（《贞观政要》卷六《论奢纵》马周谏疏论此最深刻），而所谓富强并不足恃。这一点，即隋末农民战争推倒一个号称富强的朝代，使新的统治者感到震惧一点，也就有力地影响着唐初的政策。

唐初，在一定限度内，在某些不同的地区以不等的程度施行了"均田制"（这是唐初政策中的一个根本问题，本文为范围所限，未能多论），并相对地减轻了农民的租税和徭役的负担。这就是对农民作相对让步的政策的具体内容。

唐初的强盛，也恰恰是奠立在这样的政策之上。

关于唐初的具体政策以及唐太宗个人在历史上的作用问题，容俟后论。

五

从前引唐太宗君臣言论中，可以看出他们所论的是"君道"，是统治的方法，是关于如何巩固统治权的问题，是关于如何缓和农民的反抗斗争的问题，因而，这些言论本身也就驳倒了他们在另一些言论中自称为"爱民如子""为天下苍生"一类的话。因而，唐初对农民作相对让步的政策也无非是用以达到巩固统治权这一目的的政策，这是无可置疑的。但是，如果因此就否定这种政策的积极意义，那也是不正确的。因为，这样来看，就脱离了当时的历史条件。其实，对农民作相对让步的政策也就意味着生产关系对社会生产力发展的束缚缓和下来，而社会生产力的恢复与发展获得了某种程度的活动的余地。在当时的具体历史条件下，这是比较有利于农民，有利于社会生产力发展的政策。其实，唐初，作为一个新政权的统治，乃是隋末农民战争的产物；而唐初所施行的对农民相对让步的政策，也正是和隋末农民战争关联着的。既然这种政策的施行，乃是隋末农民战争打击了封建统治，削弱了地主阶级的力量，迫使封建统治者作相对让步的结果，那么肯定这种政策的积极意义，也就是肯定农民战争的积极作用。

但在另一方面，也决不能过分夸大这种政策的积极意义，不能把唐太宗时期的农民生活理想化，不能片面地全部信任某些显系夸大了的歌功颂德的记载。因为，走向另一个片面，也同样是离开当时历史条件来看问题的。其实，唐初的政权依然是地主阶级的政权，封建的经济关系和封建的政治制度依然继续下来，这种政策的进步作用也就不能没有极大的限制性。其实，封建统治者是不可能去触动地主阶级的根本利益的，封建统治者施行这种对农民作相对让步的政策也不能延续得很长久。当然，要了解具体情形，就必须具体分析这种政策，就必须具体考查唐代统治者逐渐抛弃这种政策的过程。在这里，我们可以提出两点来看。

第一，就在唐太宗统治期间，也存在农民困苦的现象，更无论以后的年代，例如：

〔贞观十六年〕，勅天下括浮游无籍者，限来年末附毕。(引自《通鉴》卷一九六。意谓下令各州县搜查逃亡隐瞒、没有编入户籍的户口，限明年底完成无籍户口的附籍。附籍即编入户籍。此类"浮游无籍者"，大抵为失去土地或逃避徭役、兵役的农民，或浮浪无依，或为地主耕种土地。)

〔同年〕制："自今有自伤残者，据法加罪，仍从赋役。"隋末，赋役重数，人往往自折支体，谓之福手福足。至是遗风犹存，故禁之。

（同上）

如果在当时，农民真正都获得充分的土地，能保持其土地，并且也没有繁重的兵役、徭役负担，何来有如许浮游无籍之人，致劳下诏检括？更何能有自折手足之事，致烦下诏禁止？

第二，就在唐太宗统治期间，这种对农民作相对让步的政策即已开始逐渐被破坏，更无论以后的年代。大致贞观初年，让步较大，及至中期，则徭役、兵役渐趋繁重。唐太宗甚至作出"百姓无事则骄逸,劳役则易使"(见《贞观政要》卷十《论慎终》魏征疏)一类的暴虐言论。于是一时所谓"直谏"之臣,纷纷提出"居安思危""慎终如始"的问题,都说:"愿陛下如贞观之初,则天下幸甚。"即如前引魏征贞观十一年两疏,亦即针对当时太宗渐好奢纵,徭役渐重而发。其他如魏征贞观十三年之疏(同上注),马周十一年之疏(见《贞观政要》卷六《论奢纵》),亦多可贵的史料。到了末年,情形更差。贞观二十二年(太宗死前一年)之修建玉华宫,所费以巨亿计。而同年以在四川发民造船、备进攻高丽之故,不独造成"民至卖田宅,鬻子女不能供,谷价踊贵,剑外骚然"的严重现象,而且"役及山僚",直接激起雅、邛、眉三州僚人的起义(僚是当时散居四川及岭南等地少数民族,在贞观时曾以官吏侵渔,举行多次起义。以上俱见《通鉴》)。

以上这些,并不能说明所谓"贞观之治"的局面不及中国封建社会历史上的其他所谓盛世,如所谓"西汉文、景之治","明初洪武之治","清初康熙之治"等,而是说明封建统治者所施行的对农民相对让步政策原本就有其极大的局限性。(在封建制度下,它不可能触动地主阶级的根本利益,也不会延续得很长久。)

由此可以看出,毛主席在《中国革命和中国共产党》第一章第二节《古代的封建社会》中所说的如下一段话,对于我们研究中国封建社会的历史,又有着如何重大的指导意义:

> 只是由于当时还没有新的生产力和新的生产关系,没有新的阶级力量,没有先进的政党,因而这种农民起义和农民战争得不到如

同现在所有的无产阶级和共产党的正确领导，这样，就使当时的农民革命总是陷于失败，总是在革命中和革命后被地主和贵族利用了去，当作他们改朝换代的工具。这样，就在每一次大规模的农民革命斗争停息以后，虽然社会多少有些进步，但是封建的经济关系和封建的政治制度，基本上依然继续下来。（《毛泽东选集》第二卷）

唐太宗只是施行了局限性极大的对农民相对让步的政策，使农民的力量得到极有限度的发挥，就能依据这种力量来创建一个古代世界史上少见的光辉、文明的国家，那么，不难看出，中国劳动人民所蕴藏着的力量该有如何强大！不难看出，今天，在毛主席、中国共产党、中国工人阶级的正确领导下，推翻了帝国主义、封建主义、官僚资本主义的压迫而解放了自己的中国人民，在保卫和建设祖国的神圣事业中，在反对帝国主义侵略和争取世界持久和平的事业中，其力量该是如何巨大！祖国的前途，经过新民主主义的建设而走向社会主义、共产主义的前途将是何等的光明！

（原载 1953 年 5 月 30 日《光明日报》）

唐太宗之拔擢山东微族与各集团人士之并进

高祖时的偏重任用关陇集团人士的政策，到太宗时便有了变化。

自武德九年六月庚申玄武门事变后，以太子总统事机起，至贞观二十三年五月己巳逝世止，太宗君临天下二十三年。在此期内，任宰相者二十八人。除裴寂、萧瑀、陈叔达、封德彝、杨恭仁、宇文士及六人是高祖时旧相外，其他二十二人是：高士廉、房玄龄、长孙无忌、杜淹、杜如晦、李靖、王珪、魏征、温彦博、戴胄、侯君集、杨师道、刘洎、岑文本、李勣、张亮、马周、褚遂良、许敬宗、高季辅、张行成、崔仁师。

这些宰相中，山东人占了一半，凡十一人。这十一人的籍贯是：

高士廉	德州蓨县人	
房玄龄	齐州临淄人	
魏　征	魏州曲城人	徙相州之内黄
温彦博	并州祁县人	
戴　胄	相州安阳人	
李　勣	滑州卫南人	

张　亮	郑州荥阳人
马　周	博州茌平人
高季辅	德州蓨县人
张行成	定州义丰人
崔仁师	定州安喜人

进一步分析其家世，又可发现另一特点。这些人中绝大部分都出自卑贱或不显的家庭，最低的有出自畎亩的农夫，虽也有二流的门阀参与其间，但那只是极少数。试看：

高士廉　其家族源出渤海蓨县，是北魏有数的士族之一。[1]北齐的皇室是否即出自此族，颇可怀疑，但高欢却是把渤海高氏的这一房当作皇室对待的。[2]这样，他已经不是原来的士族，而是贵族了。所以当其于隋时进入关中以后，关陇集团中人也就乐于与之通婚，并且由于婚媾关系，遂被牵入关陇集团之中。这时，高士廉是太宗长孙皇后之舅。[3]

房玄龄　其族源出清河。在五胡十六国时期，他的祖先房谌随着南燕渡河迁居济南。[4]在其家谱上自说是后汉司空房植之后，是否可靠，不得而知。但是这迁居济南的房氏一族，从《魏书》上看，在北魏时代，家族却着实强大。玄龄的五世祖法寿，在《魏书》卷四三有专传，附有

---

[1]　《新唐书》卷七一下《宰相世系表》高氏表；《魏书》卷三二《高湖传》。

[2]　《北齐书》卷一二《清河王岳传》；《金石萃编》卷四八《高士廉碑》。

[3]　《旧唐书》卷六五《高士廉传》。

[4]　《新唐书》卷七一下《宰相世系表》清河房氏表。

法寿子伯祖，伯祖子翼，伯祖弟叔祖，叔祖弟幼愍，法寿从父弟灵宾、灵建及灵建子宣明，灵宾从父弟坚，坚长子祖渊，祖渊弟祖皓，法寿从父弟伯玉，从祖弟崇吉，崇吉从父弟三益，三益子士隆，士隆弟士达及法寿族子景伯，景伯次弟景先，幼弟景远诸传。这就可以看出他们的显赫了。清河房氏本是山东崔卢李郑王七姓之下的高门，第二流有数的阀阅。这一房大概也很不弱，从法寿以后，玄龄的直系亲属也都是冠冕蝉联的。玄龄的高祖伯祖，袭其父法寿庄武侯爵，例降为伯，官至幽州辅国长史。曾祖翼，魏宋安太守，袭庄武伯。祖熊，清河、广川二郡太守。父彦谦，隋司隶刺史。[1] 并且，玄龄和陇西李氏还有着亲戚关系。太宗秦府十八学士之一的李玄道，是后魏陇西李宝的五世孙[2]，玄龄和李玄道便是堂房甥舅[3]。在太宗所用的山东宰相中，玄龄的家世大致是最高的。

魏征 魏征先世无从详考。在《魏书》和《北齐书》中皆无关于他先世事迹的记载，只有李延寿所撰的《北史》卷五六有他父亲魏长贤的传。李延寿修《北史》约在贞观年间，其时魏征正大蒙太宗宠信，故其叙事恐多溢美。其所言长贤即魏收族叔，似亦不可信。魏征一家，照推测应是一小族。

温彦博 其先世事迹，在记载南北朝的史籍中亦无可考。彦博一族，

---

[1]《金石萃编》卷四二《房彦谦碑》。

[2]《新唐书》卷七二上《宰相世系表》，陇西李氏姑臧大房表。

[3]《通鉴》卷一九二唐太宗纪贞观元年九月辛未幽州都督王君廓谋叛道死条："长史李玄道，房玄龄从甥也。"而《旧唐书》卷七二《褚亮传附李玄道传》则云："房玄龄，即玄道之从甥也。"《新唐书》卷一〇五同。未识孰是。

世居太原之祁，据说和晋世知名的温峤原同一系：温峤也是祁人，他们间或许有疏属的关系。[1] 不过，这一支在北朝并无名人，所以彦博一家，只能算小族。彦博祖父名裕，官至大中大夫[2]；父君攸，北齐文林馆学士，隋司隶从事[3]。所历官阶，倒都是清流。只是他这一族不华显，绝不能和崔卢李郑王及清河房张、渤海封高相比。那么既非寒贱，亦非高门，说它是小族，似乎较确。

戴胄 先世全无名迹，安阳戴氏亦非高门。新旧唐书本传皆未记其祖和父，只有《新唐书》卷七二中《宰相世系表》戴氏表上记其父景珍为后魏司州从事，自景珍以上，即只叙其姓族源流。那么戴胄乃系出自寒微，已无疑问。

李勣 本姓徐，李是高祖赐姓。新旧唐书本传上没有关于其先世仕宦的记载，只提到他家里着实富有，僮仆甚众，囤积粮食常达数千钟之多，他和他父亲徐盖都是极慷慨的人物，拯济周给，不分亲疏，都一样看待。[4] 但《新唐书》卷七五下《宰相世系表》高平徐氏北祖上房表所载他的家世，他这一族颇像南朝一个名家。这表大略如下：

他这一家是属于高平徐氏北祖上房的一支，世居曹州之离狐，隋末才徙居滑州的卫南。景初是宋尚书正员外郎，二子，弘师、弘道。弘师，

---

[1] 《新唐书》卷七二中《宰相世系表》温氏表。

[2] 大中大夫，据《通典》卷三八《职官典》秩品条，魏齐皆班从三品。

[3] 《旧唐书》卷六一《温大雅传》作君悠，《新唐书》卷七二中《宰相世系表》温氏表、卷九一《温大雅传》作君攸，未知孰是。

[4] 《新唐书》卷九三《李勣传》。

字德令，南齐直阁舍人；弘道，字太玄，陈太常卿。弘师生琛，侍御史。琛生懋，梁荆州刺史。懋生元起、康。元起，字山立，隋濮阳太守；康，谯郡太守。元起生盖。盖，陵州刺史。弘道生珍，隋阁下舍人。

此表有两点极可疑：一、弘师、弘道乃是兄弟，弘师仕于南齐，弘道仕于陈。梁受齐禅在景明三年（501），陈受梁禅在天保七年（556），其前后相距最近亦达五十五年，这很不近情理。弘师的曾孙元起始仕于隋，弘道的儿子珍即在隋为官，更足以做这种不合理的佐证。二、表上所记自宋至陈，李勣的先世都是南朝大官，可是他的家庭，在隋以前却居于曹州的离狐。离狐属济阴郡，有很长的时间是隶属于北朝的统治疆域的，所以也不合事实。再说南朝的士族，我们就几乎没有见过居于南北接壤地区的，而离狐却正在南北交界的边境。至于李勣时住的滑州，那就完全属北而不属南了。根据这一有力论证，我们有理由来怀疑这谱系的不大可靠。

我们若再拿石刻的李勣碑所记他的先世来看，则可发现更多乖戾之处。李勣碑记其先世如下：

公名勣，字懋功，□州□□□□。……祖康，齐伏波将军，谯郡太守，追赠济州刺史。父盖，散骑常侍，陵州刺史，上柱国，济阴郡王。[1]

对照一下，又有两点疑问：一、照碑，徐盖是康的儿子，而照新表，

---

[1] 碑见《金石萃编》卷五九。

则盖是元起的儿子；二、李勣的字是懋功，石刻当然不会错误，可是他的先辈却有名懋者。第一点尚可用刊刻错误解释，或是有承祧的关系；第二点则按南北朝隋唐时士大夫特别重视家讳的原则，实在是绝不可能的事。

因此，我们相信，李勣家虽殷富，地实寒微。大概在李勣成为唐的新贵以后，才利用他的政治势力来攀附高平北祖的名门，即行改录，以致家谱上留下这许多罅漏。

张亮 是一个农夫，靠军功发迹，他的先世自然不会有什么名位。《旧唐书》卷六九本传说他"素寒贱，以农为业"，《新唐书》卷九四本传也说他"起畎亩"，那么他家庭的寒微低贱，当然不用说了。

马周 其先世不见于新旧唐书本传，从前代史籍中亦无可考。《新唐书》卷七二下《宰相世系表》茌平马氏表记他的祖父是北齐茌平令遑，他的父亲是本郡（平原或清河）户曹从事瑗，自遑以上即无记录。遑和瑗虽皆任官，但县令和郡佐都非清要。《南部新书》丁卷载："马周妻，卖馎媪也。即媪引周为常何之客。"那么，他家世的寒微就更可想见了。因此，他在为太宗赏识以后，还曾因是寒士而遭关中郡姓韦挺的白眼。[1]

高季辅 渤海蓨县的封、高，是齐名的望族，是山东七姓十家以下的第二流门阀。照《新唐书》卷七一下《宰相世系表》高氏表所载的谱系来看，高季辅的四世祖是高祐，魏光禄大夫，建康灵侯。二子，和璧、振。和璧是后魏中书博士。生颢，辅国将军；生德政，北齐左仆射，蓝田康

---

[1] 《旧唐书》卷七七《韦挺传》："初，挺为大夫时，马周为监察御史，挺以周寒士，殊不礼之。"

公。振生石，后魏安德太守[1]；生衡，隋万年令；生冯，字季辅，相太宗、高宗。高祐《魏书》卷五七有专传，高德政更是北齐名臣，在《北齐书》卷三〇也有专传。但在《魏书·高祐传》上只载了和璧的一系，而没有提到关于振的事迹，这表上的谱系内容，是否含有附托的因素，也很难说。

张行成　中山义丰的张氏，不是知名的士族，行成的先世，并无名位。《新唐书》卷七二下《宰相世系表》中山张氏表只记他父亲名长谐，不曾说长谐做什么官，大概是不曾出仕。其所谓出自西汉张仓之后，自系伪托。行成之家，盖系卑微之寒族。

崔仁师　族系见《新唐书》卷七二下《宰相世系表》博陵安平崔氏表，是属于博陵安平房的一支。博陵崔氏是山东第一流的华显阀阅，可是仁师这一支着实破落得很。这一支派不但不得预于七姓十家望族之列，而且全无名位。表上只记："钧字州平，（后汉）西河太守。十世孙昂。昂生仁师。"照这样看来，仁师纵使是崔州平之后裔，也已经是四百年来毫无名位之家的子弟了。虽然仁师的孙子湜自视门阀甚高[2]，但是他的家庭，充其量不过是一个高门之中的破落户罢了。

据上面分析的结果，张亮的家门是最低的，本来是一个农夫。自此而上，魏征、戴胄、马周、张行成的家门都甚为寒微。李勣的家门大概只是一个土豪，不像是一个代表文化的显阀。崔仁师的家庭充其量是一个

---

[1] 表曰："振生石安、表。表，后魏安德太守。"今按邓名世《古今姓氏书辩证》："振生石，享安表，后魏安德太守。"此从邓书。

[2] 《旧唐书》卷七四《崔仁师传附孙湜传》："每宴私之际，自比东晋王导、谢安之家。谓人曰：'吾之一门及出身历官，未尝不为第一。'"

高门的破落户。温彦博的祖或父，虽然历职较为清显，可是也不算是阀阅。门第比较好的只有房玄龄、高季辅，然若和七姓十家相比，终是小巫见大巫，何况高季辅一支的谱系，可信与否还有待考证。高士廉是北齐皇室之裔，出身自贵，但他和李唐皇室有了姻亲，已经与关陇集团发生关系，当然要算例外。山东高门人才极多，但太宗用了许多山东宰相，却没有一个是出身第一流名家。

再分析太宗时关中籍贯宰相的家世，就可知道他们多是贵族子弟，这和山东多出自寒微之家者，大有不同。太宗时关中的宰相有六人，他们的籍贯是：

长孙无忌　　　　京兆长安人
杜　淹　　　　　京兆万年人
杜如晦　　　　　京兆万年人
李　靖　　　　　京兆三原人
侯君集　　　　　豳州三水人
杨师道　　　　　弘农华阴人[1]

他们的家世概况如下：

长孙无忌　是鲜卑人，大概和北魏皇室拓跋氏出于一源。原姓拔拔

---

[1] 以上籍贯，长孙无忌据《旧唐书》卷五一《太宗文德长孙皇后传》，杜如晦据《贞观政要》卷二《论任贤》。

氏，在北魏孝文帝太和二十年改姓氏时，诏改为长孙氏。[1]无忌之高祖名冀归[2]，在北魏时曾受封上党王，官至太傅，后随西魏入关，长孙氏这支遂为关陇集团之贵族。曾祖名子裕，官至右武卫将军，封平原公；祖名兕，北周位至骠骑大将军，开府仪同三司，袭封平原县侯，官至绛州刺史；父名晟，隋时的右骁卫将军。[3]无忌的家世贵盛，所以在隋时就和西魏的八大柱国家的后裔李唐皇室结了亲，无忌的妹妹便是太宗的文德顺圣皇后。这样，他的家族就更加显赫了。

杜淹　杜如晦　杜淹和杜如晦是亲叔侄。如晦的父亲隋昌州司马吒，即是淹的长兄。这一族世居京兆杜陵，是关中郡姓之一。淹和如晦的先世，不知道为什么史文记载互相违戾，至于无法考订的程度，但是周隋之际的名人杜杲（果）即是如晦之祖（或是过继的），似可断言。杲在周曾为温州刺史，入隋为工部尚书，封义兴公。杲的上代，世次难考，但多仕刺史郡守，且为有封爵者，这一支可以说是世有冠冕的。[4]

李靖　虽不是陇西望族，却为西魏、北周贵臣的苗裔。曾祖权，西魏河、秦二州刺史，杜县公；祖崇义，北周广、和、复、硖、殷五州刺史，

---

[1] 旧史多记长孙氏本拓拔氏所改，陈毅《魏书官氏志疏证》力辨其原为拔拔氏，引证甚详，其说似可信。

[2] 冀归或作稚，盖鲜卑语之汉音异译。

[3] 《新唐书》卷七二上《宰相世系表》长孙氏表；《魏书》卷二五《长孙道生传附冀归传》；《周书》卷二六《长孙绍远传附兕传》；《隋书》卷五一《长孙览传附炽传、晟传》。

[4] 《新唐书》卷七二上《宰相世系表》杜氏表；《元和姓纂》卷六京兆杜氏；《周书》卷三九《杜杲传》；《旧唐书》卷六六、《新唐书》卷九六《杜如晦传》；钱大昕《廿二史考异》卷五〇《宰相世系表二上》杜氏；岑仲勉《元和姓纂四校记》卷六兄晔隋怀州刺史生吒淹条。

永康县公；父诠，隋赵郡太守，临汾公。[1] 李靖的父系先代虽然在北朝史上未列传，但他的母系却大大有名。李靖的舅舅是韩擒虎，为隋时灭陈的名将。[2] 韩擒虎之父即李靖外祖韩雄，亦是北魏名将，在周世封爵为新义郡公，位至骠骑大将军，开府仪同三司。[3]

侯君集 起自行伍，完全以军功至高位。[4] 但是他的先世也是北周贵臣。祖植，从西魏入关，战功卓著，至北周时位骠骑大将军，开府仪同三司，爵肥城郡公，《周书》有传。[5] 父佚名。君集本是北边人，《周书》卷二九《侯植传》：

> 侯植，字仁干，上谷人也。燕散骑常侍龛之八世孙。高祖恕，魏北地郡守。子孙因家于北地之三水，遂为州郡冠族。

案植之籍贯称三水，果是数世传居，抑或为宇文氏施行关陇本位政策时所更改，虽不可知，然无论如何，北地、上谷，皆北边也。以是，侯氏乃以骑射世其家，故侯植以武艺绝伦有闻于周代，君集亦以才雄武勇著称于唐世。《新唐书》卷九四《侯君集传》谓"君集本以行伍奋，不知学"，《旧唐书》卷六九本传亦谓"君集出自行伍，素无学术"，

---

[1] 《新唐书》卷七二上《宰相世系表》陇西李氏丹阳房表。

[2] 《旧唐书》卷六七《李靖传》；《隋书》卷五二《韩擒虎传》。

[3] 《周书》卷四三《韩雄传》。

[4] 《旧唐书》卷六九《侯君集传》。

[5] 《新唐书》卷七二中《宰相世系表》侯氏表；《周书》卷二九《侯植传》。

大概就是这个缘故。

杨师道 是杨恭仁的弟弟,由北周历隋至唐,都是很贵盛的。

从分析结果看,长孙无忌、杜淹、杜如晦、李靖、侯君集、杨师道六个关中宰相,全部是西魏、北周、杨隋之勋贵或大臣的后裔,并无例外。而且其中除去杜氏二相出自关中郡姓,世业文儒外,侯君集则是骑射世家,李靖之外家韩氏亦为周、隋将门,杨师道的祖父杨绍本以军功致显[1],长孙无忌的父亲长孙晟复以善射驰名[2]。这时他们虽或以文事,如长孙无忌、杨师道,或以武功,如侯君集、李靖,致位宰相,然皆为名将之后。

岑文本、刘洎、王珪、褚遂良、许敬宗五人出自南朝系统,他们的家世情形大致如下:

王珪 是梁名将王僧辩的孙子。僧辩是武人,在南朝门第制度下,本来不承认这种门户有较高的地位。但是僧辩的官位却着实崇高,直做到尚书令及大司马领太子太傅、扬州牧,封永宁郡公。[3]侯景乱后,僧辩与陈霸先为敌,故其家不见容于南朝,僧辩诸子多随梁元帝居江陵。[4]江陵既陷,大部分徙居关中,一部分入齐。珪父頠是入齐的一个,做到竟

---

[1] 《周书》卷二九《杨绍传》:"屡从征伐,力战有功。"

[2] 《隋书》卷五一《长孙览传附晟传》:"善弹工射,趫捷过人……(使突厥)尝有二雕,飞而争肉,(摄图)因以两箭与晟曰:'请射取之。'晟乃弯弓驰往,遇雕相攫,遂一发而双贯焉,摄图喜,命诸子弟贵人皆相亲友,冀昵近之,以学弹射。"

[3] 《南史》卷六三《王神念传附子僧辩传》。

[4] 《南史》卷六三《王神念传附子僧辩传》,《隋书》卷七二《王颁传》、卷七六《王頍传》。

陵郡守。[1] 珪于隋世，亦随其叔居关中。[2] 自僧辩后，珪之父叔多习文事，王頍尤以辞学知名，《隋书》以之入《文学传》中。

刘洎　其父祖不见于新旧唐书本传，只《新唐书》卷七一上《宰相世系表》南阳刘氏表记载着他是梁都官尚书之遴的曾孙。之遴在梁世以能文知名，南朝史籍中有传。[3] 刘洎之先世久已自南阳徙居江陵，刘洎又曾仕于萧铣[4]，故其父、祖或曾仕于北周卵翼下立国之后梁，然其事无考。

岑文本　原为南阳棘阳人，自其祖善方仕于后梁，始徙江陵。善方是后梁的起部尚书，《周书·萧詧传》有其附传，史称其"博综经史"。文本父之象，是南时的邯郸令。[5]

褚遂良　其族是南朝侨姓名门，由河南阳翟渡江的一脉，世世代代都历仕南朝清要之职，自其七世祖秀之以下，多有尚公主者：秀之之子湛之，初尚宋武帝女始安公主，后又尚宋武帝女吴郡公主。湛之子彦回，尚宋文帝女南郡公主。彦回弟澄，亦尚宋文帝女庐江公主。遂良之高祖名湮，梁中书侍郎；曾祖蒙，为太子舍人；祖玠，陈世为御史中丞；父亮，唐太宗为秦王时，居十八学士之一，亦唐初名臣，新旧唐书有传[6]。遂良

---

[1]　《南史》卷六三《王神念附子僧辩传》。

[2]　《新唐书》卷七二中《宰相世系表》乌丸王氏表；卷九八《王珪传》。

[3]　《南史》卷五〇《刘虬附子之遴传》。

[4]　萧铣即后梁宣帝詧之曾孙，隋末起事，以江陵为根据地。

[5]　《周书》卷四八《萧詧传附岑善方传》；《新唐书》卷一〇二《岑文本传》。

[6]　《南史》卷二八《褚裕之传》；《新唐书》卷七二下《宰相世系表》褚氏表，《旧唐书》卷七二《褚亮传》。湮，《南史》作沄，新表作汉，此据新旧唐书《褚亮传》。蒙，新表作象，此据《南史》、旧传。

的家族，名望是很高的。

许敬宗 是南朝侨姓高阳许氏的一支，居于杭州的新城。[1]曾祖懋，梁时曾为散骑常侍、太子中庶子，是一个长于撰述的人，以其博学，仆射江祐目之为"经史笥"。[2]祖亨，终于陈卫尉卿，《陈书》以之入《文学传》。[3]父善心，陈世官至通直散骑常侍，入隋曾为礼部侍郎。[4]敬宗之直系先世，卓著于南朝史籍中，且多以文学经史知名，其门第亦自甚高。

这五个宰相，大体说来，都是南朝名臣之后。其中岑、刘二人家世较不华显，然岑文本父善方、刘洎曾祖之遴，亦见于史籍，与彼山东宰相之先世多不见经传者，固有所不同也。论其祖先，则多负文名，善方号"博涉经史"，之遴以能文知名。若褚遂良、许敬宗则出于南方侨姓王、谢、袁、萧以次的第二流名门，尤为具有文化传统之世家。王珪虽非世业儒素，但自其祖父僧辩之后，亦有以学问优长名于世者。此即其概况也。不过，侨姓甲门之王、谢，吴中郡姓之朱、张、顾、陆，则在贞观时无任相职者。

分析太宗朝宰相之籍贯家世既竟，请进而讨论太宗拔用山东微族，委任关中贵族和江南士族的背景。

江南宰相多出名家，且其祖先多能文学，其理甚为明显。盖自东晋南北朝以来，北人就常认江南为文化衣冠正统之所在，历经东晋、宋、齐、梁二百余年，士族子弟都以文学谈议相尚。此种风气，直至唐初，仍然保存。

---

[1] 《旧唐书》卷八二《许敬宗传》。

[2] 《梁书》卷四〇《许懋传》。

[3] 见《陈书》卷三四。

[4] 《隋书》卷五八《许善心传》。

故出自南朝系统的人物，其祖先多能文学辞令，本来不是异事；而且唐初尚未建立一种舍去门阀荫籍的新制度，则江南宰相之多为前代名臣后裔，亦系常情。至如王、谢高门之不显于贞观，乃由于侯景乱后，如王、谢高门者已仅余孑遗，朱、张、顾、陆之不出宰相，乃由于久受侨姓之排挤，南风不竞，已非一日，此非太宗蓄意斥而弗用也。

关中宰相多出贵介，又多是将种，其理亦至昭然。盖关中南北朝时，本是文化衰落的地域，宇文泰所纠合的关陇集团，乃是胡汉糅杂，专尚武力的族阀，则其时之关中宰相，多为大将后裔，与李唐皇室之家世相吻合者，亦不足怪。

至于山东宰相，多出于寒微之家，这一点，大有讨论之必要。

在这些宰相中，如李勣，乃以武功致显，久随高祖、太宗扫荡群雄，卓著勋绩。若温彦博，则其兄大雅与高祖本有旧谊，彦博自身又有劝降罗艺之功。其他若房玄龄、魏征、高季辅、张亮、戴胄诸人，或由文事，或由军功，或杖策从龙，或纳地归款，都是在隋末大乱、群雄蜂起的时候乘机奋出的，他们的进用，还不算十分稀奇。最特别的，如马周，以一介草茅，竟忽以代常何上书合旨之故，立蒙召见，而且未至之时，四度遣使催促，既谒见之后，又不次超升，当即亲重，这种情形，前世之论史者，久曾目为异宠。[1] 如张行成，其蒙重用，连太宗自己也说："观古今用人，必因媒介，若行成者，朕自举之，无先容也。"[2] 则似不容忽视。

---

[1] 《贞观政要》卷二《论任贤》马周条，及戈直《集论》引唐氏仲友语；《新唐书》卷九八《马周传》传论。

[2] 《旧唐书》卷七八《张行成传》。

太宗何以这样做？

第一步，我们先讨论太宗何以拔用许多山东人。

《旧唐书》卷六一《窦威传》曾记其少年时特别好文，而其家里人都尚武，居显官，而威则只做了正七品的秘书郎，故为其兄长讽刺，这使我们想到关陇集团的性质。这一个集团本是顺着北方边境的胡人对于北魏孝文帝汉化政策所起的反动潮流而产生的，这集团中的中心人物，原为没有受过文化洗礼的胡人，或是开倒车的胡化了的汉人。他们本都是能征惯战的将士，而不是懂得文学治道的儒生。在经过了西魏、北周、杨隋三代约一百年之久，他们的后代固然已经有一部分受了汉人文士很深的熏陶，同时也保存着他们尚武的旧俗，成为文武全才的人物，如唐太宗便是一个例子；更有一部分则已经放弃骑射的武俗，比如长孙无忌，他虽然也"兼文武两器"，但实际上评定下来，乃为一"博涉书史"，而"总兵攻城，非所善"者。[1]可是像窦氏兄弟的，也不在少数，他们不以讲学为意，而以骑射为事。这一集团的中心家族本来就不多，周、隋之际，虽然实际已屡经扩大，但是根基还不巩固，何况再加上西魏、北周、杨隋、李唐四代的禅夺纷争，又摧残了不少。所以，若专用这一集团的人物，而把这个集团以外的人士概加摈弃，则必有人才不足的感觉。

原来，西魏、北周时代，宇文氏这个起于北边的胡族，为了制定各项制度，一方面固最需关陇集团中儒生像苏绰一样的人物合作，但另一方面也极欢迎关东士子如卢辩一流人物帮忙。到隋朝，虽然行使着压抑

---

[1]《新唐书》卷一〇五《长孙无忌传》。

山东人士的政策，使"齐朝资荫，不复称叙，鼎贵高门，俱从九品释褐"[1]，可是在炀帝大业年间，却成了"朝廷之内，多山东人，而自作门户，更相剡荐，附下罔上，共为朋党"的局面，因而关中人韦云起就发出"不抑其端，必倾朝政"的呼声，而有"痛心扼腕，不能默已"[2]的感觉。

因为在历史上，山东有高度的文化传统，在这时，是人才荟萃的地方[3]，所以太宗擢用多数山东宰相。唐朝是统治了整个华夏江南，综合了北齐、北周、南陈，承接了杨隋的大帝国，为治理广大的地区计，为创建宏伟的系统计，人才的纠集自属极端重要。人才渊薮的山东，成为太宗广事搜罗的对象，自然是在情理之中的。

其次，太宗多用山东人为相，骨子里还有缓和山东人对唐室恶感的用意。

在隋末群雄并起时，雄踞山东的有李密、窦建德等，他们虽终于以兵力不敌归于失败，但绝不是没有能力的人，所以都很受山东人的拥戴。窦建德死后，刘黑闼、徐圆朗于武德四年七、八月间复起于山东[4]，黑闼是窦建德余党，圆朗是李密旧部[5]，他们在举事时，即以复用建德旧属之文武和师效建德之设法行政为号召，一时建德的旧臣故将如王琮、刘斌、

---

[1] 《金石萃编》卷四三《房彦谦碑》。

[2] 《旧唐书》卷七五《韦云起传》。

[3] 《通鉴》卷一九〇唐高祖纪武德五年十二月壬申条考异引《太宗实录》"山东人物之所"。

[4] 《旧唐书》卷一《高祖纪》。

[5] 《旧唐书》卷五五《刘黑闼传附徐圆朗传》。

范愿、董康买、高雅贤及其他文武，或加重用，或复本位。[1]这时山东人所表现的态度，是先有"衮、郓、陈、杞、伊、洛、曹、戴等八州豪猾皆杀其长吏以应"[2]圆朗，继又有"山东豪杰多杀长吏以应黑闼，上下相猜，人益离怨"[3]。

唐室既系起兵于太原，而其后又以关中为根据地，其与山东人之间，自易发生隔阂。以故在唐初有变时，多用山东人去安抚山东。在李密归降以后，唐所用的山东安抚大使是宗室淮安王神通，副使则崔民干。胡三省说："崔民干，山东望族，故使副神通以招抚诸郡县。"[4]这是极能洞烛隐微的。可是李密虽经降顺，而其部将徐勣仍据旧境，未曾纳地，于是随从李密入关的魏征，又以山东人的资格，自请安辑山东，劝说徐勣归附。[5]此后高祖在武德二年四月又派了定州新乐人郎楚之去安抚山东。此郎楚之使是大业中以山东人在朝廷结党被韦云起劾告配流的那个人[6]，大概山东人很信服他[7]。凡此数例，都足以表现唐高祖尽量设法，让山东人感到相当满意。

在高祖晚年，隐太子和太宗明争暗斗时期，太宗和建成都有利用山

---

[1] 《旧唐书》卷五五《刘黑闼传》。

[2] 《旧唐书》卷五五《刘黑闼传附徐圆朗传》。

[3] 《通鉴》卷一九〇唐高祖纪武德五年十二月甲子条。

[4] 《通鉴》卷一八六唐高祖纪武德元年十月庚辰条胡注。

[5] 《旧唐书》卷七一《魏征传》。

[6] 《旧唐书》卷七五《韦云起传》。

[7] 《通鉴》卷一八七唐高祖纪武德二年四月甲辰条。

东豪杰的计划。先发动的是建成一方。建成是听了魏征、王珪的劝告，谋得征讨刘黑闼行军元帅的位置，因而进行结纳山东英俊的。[1]后发动的是太宗一方。太宗是在紧要关头，才派了郑州荥阳人张亮到洛阳，阴引山东豪杰以作为万一失败的退路基础的[2]。太宗这一方面发动得太晚，所以张亮出去，根本没有收到什么效果。建成、元吉一方，则在山东羽翼已就，在隐、巢被杀后，山东的形势又大为恶化起来。"是时，河北州县素事隐、巢者不自安，往往曹伏思乱。"[3]魏征本来是山东人，原先曾在李密部下典掌过书记，又曾被窦建德俘虏过去，署用为太子舍人。归唐以后，劝说拥有大片山东土地的徐勣降唐的是他，建议建成在山东结纳豪杰的主谋者又是他，他和山东人必是保有着密切的联系。因此，聪明的太宗，在赦免了他赞助建成的罪状以后，就派他去安抚河北。他这次出来，果然不辱使命，当在路途上碰到了被逮捕的太子千牛李志安和齐王护军李思行时，他就自作主张地把他们贷宥。这样，山东人才觉得有了保障，山东便没有发生问题。太宗大喜，从此对魏征更加信任。[4]这是魏征报效太宗国士之知的第一声，也是魏征更受太宗国士之遇的初径。

　　山东人对李唐皇室素无好感，对于太宗尤多嫌忌，而山东地区实为建都关中的李唐皇室经济上的生命线。唐初，财政上的收入，主要靠着

---

[1] 《旧唐书》卷六四《高祖诸子传隐太子建成传》。

[2] 《旧唐书》卷六九《张亮传》。

[3] 《旧唐书》卷九七《魏征传》。

[4] 《旧唐书》卷九七《魏征传》。

租庸调，河北是当时蚕绵之乡，"天府委输，待以成绩"[1]。山东、河北户口之众，绝非其他各地所可比拟（四川除外）。[2]假如这一地区发生变乱，纵使能很轻易地把它平定，但是加给朝廷威胁，总是够大的。山东既有人才，这些人若不吸收擢用，便会成为促成变乱的因素。老谋深算的太宗，对于这一问题，当然是曾经有过斟酌的。

第二步，我们再讨论太宗何以在山东人之中，又喜欢提拔其微族。

首先，山东士族的甲门，如崔、卢、李、郑、王之类，虽说人才极多，但他们势力太大，地位太高，他们的声望，在一般人心目中，要远远凌驾于李唐皇室所隶属的关陇集团。太宗心里既对他们抱着歧视心理，那么山东人既不得不用，而山东望族的人士又不为太宗所乐用，自然就要拔擢山东微族的人才了。

其次，太宗不愿起用山东士族，还在事实上有所顾忌。从其对于翊赞功臣的秦府幕僚的权势也要加以压削来看，可知他对朝臣结党一事，是力谋防范的。而山东士族一则从五胡十六国以来，多为互相婚媾的关系，已自结为社会上一坚固的团体；再则自北魏孝文帝推行汉化后，又复习惯地盘踞着政治上的要津。此班人若一经进用，则朝廷上朋党胶固的现象，如郎楚之等在大业年间之所演者，当然在所不免。关于这情形，敏锐的太宗，安得不有疑惮之理？至微族多孤立进取，无所凭依，此太宗所以独喜用之也。若从这一点来看，则魏征之特承恩信，又复敢说敢言，就可以多得一重解释。若马周，则后之论者以为其才尚不及房、杜、王、

---

[1] 《通鉴》卷一九〇唐高祖纪武德五年十二月壬申条考异引《太宗实录》。

[2] 《旧唐书》卷三八、卷三九；《新唐书》卷三八、卷三九《地理志》。

魏，而太宗过度重视之故，也就可以奏刀騞然了。[1]

太宗之疑惮山东士族，既有隋大业时郎楚之一事悬为前鉴，我们若再引太宗以后之二例来看，则可知其非神经过敏。一件是高宗时选拔了李敬玄做宰相。李敬玄虽不是山东鼎盛高门，可是他既已显贵，又复久居选部，人士多想依附他。这样，他就和赵郡李氏合了谱，又前后三娶皆山东士族，于是台省要职，多是同族婚媾之家，高宗知而不悦。[2] 另一件是玄宗很看重崔琳与卢从愿，屡次想用他们做宰相。崔琳是山东清河郡望崔逞的后裔，卢从愿是七姓十家之一的范阳卢子迁七世孙，玄宗以其族大，恐附丽者众，就始终没有让他们入政事堂[3]。

---

[1] 《新唐书》卷九八《马周传》传论；《贞观政要》卷二《论任贤》马周条，《集论》引唐仲友语。

[2] 《旧唐书》卷八一《李敬玄传》。

[3] 李德裕《次柳氏旧闻》。

唐太宗树立新门阀的意图

唐太宗在用人方面屡次提到唯才的政策。有以下七例：

一、太宗初即位，房玄龄向他申说秦府旧僚怨望，太宗回答说："今所以择贤才者，盖为求安百姓也。用人但问堪否，岂以新故异情？凡一面尚且相亲，况旧人而顿忘也！才若不堪，亦岂以旧人而先用？"[1]

二、贞观元年，有人请将秦府旧兵尽授武职，并追入宿卫。太宗答曰："唯有才行是任，岂以新旧为差？"[2]

三、贞观元年，太宗对戴胄言："今用玄龄、如晦，非为勋旧，以其有才故也。"[3]

四、贞观元年，太宗任杜正伦为兵部员外郎时说："朕今令举行能之人……朕于宗亲以及勋旧无行能者，终不任之。"[4]

---

[1] 《贞观政要》卷五《论公平》。

[2] 《贞观政要》卷五《论公平》。

[3] 《唐会要》卷五三《委任》。

[4] 《旧唐书》卷七〇《杜正伦传》。

五、贞观七年，册长孙无忌为司空，无忌坚辞，谓其恐因外戚而"招圣主私亲之诮"。太宗解释说："朕之授官，必择才行。若才行不至，纵朕至亲，亦不虚授，襄邑王神符是也，若才有所适，虽怨仇而不弃，魏征等是也。"[1]

六、贞观初年，太宗对侍臣说："但能举用得才，虽是子弟及有仇嫌，不得不举。"[2]

七、贞观十三年，太宗又对侍臣说："能安天下者，惟在用得贤才。"[3]

按情理推想，用人唯才与以门第为标准，常常是针锋相对的。比如北魏孝文帝在推行汉化政策时，对于选调问题就和大臣们发生过争论。孝文帝问大臣："近世高卑出身，各有常分，此果如何？"廷尉卿李冲反问道："未审上古以来，张官列位，为膏粱子弟乎？为致治乎？"孝文帝答："欲为治耳。"李冲又反问："然则陛下何为专取门品，不拔才能乎？"孝文帝解释说："苟有过人之才，不患不知，然君子之门，借使无当世之用，要自德行纯笃，朕故用之。"李冲又说："傅说、吕望，岂可以门地得之？"[4]孝文帝曰："非常之人，旷世乃有一二耳。"秘书令李彪也不同意孝文帝意见："陛下若专取门地，不审鲁之三卿，孰若

---

[1] 《旧唐书》卷六五《长孙无忌传》。

[2] 《贞观政要》卷五《论公平》。

[3] 《贞观政要》卷三《论择官》。

[4] 傅说、吕望相传起自版筑、钓渭。

四科？"[1]这谈话表明用才能与用门第之不相容。不过上举七例，前五例太宗都是拿才行和勋旧来比照说的，后二例也只是表示太宗渴望贤才之意，都不足以做太宗想打破门阀制度限制之证。

杨隋、李唐都是承袭北周的系统。北周以关中为霸业之基，而关中本没有强盛而巩固的士族集团，同时北周又是顺着反对士族的潮流而兴起的，所以从北周开始，已是"选无清浊"[2]。隋代，薛道衡为吏部侍郎掌选，好甄别士流，而结果以牵涉到朋党嫌疑，受除名之处分[3]；唐贞观时，戴胄、杨纂以天官任铨衡，抑文雅而奖法吏[4]，皆足以证明隋、唐初之选举，都没有清浊之限制。太宗在这种传统下提出"用人唯才"的政策，恐怕不一定有摧抑士族的自觉。同时，南北朝门第势力在唐初依然是有相当力量，太宗个人也不能完全摆脱这种环境的影响，他对人才进用的看法，有时也不免于注意其门户。比如张玄素本是从流外出身的寒人，在贞观十四年居然散位至从三品的银青光禄大夫，做着正四品清显的太

---

[1] 《通鉴》卷一四〇齐明帝纪建武三年。鲁国三卿是贵族，孔门四科谓德行、言语、政事、文学，此泛指孔子的有才行的弟子。

[2] 《通典》卷一四《选举》历代制中条。

[3] 《隋书》卷五六《卢恺传》："自周氏以降，选无清浊，及恺摄吏部，与薛道衡、陆彦师等甄别士流，故涉党固之谮。"

[4] 《唐会要》卷七四《掌选善恶》："（贞观）四年，杜如晦临终，请委选举于民部尚书戴胄，遂以检校吏部尚书，及在铨衡，抑文雅而奖法吏，不适轮辕之用，物议以为刻。"《旧唐书》卷七七《杨纂传》："俄又除史部侍郎。前后典选十余载，铨叙人伦，称为允当，然而抑文雅，进（酷）[黠]史，观时任数。颇为对时论所讥。"

子左庶子。[1]大概为了什么缘故触怒了太宗，太宗存心侮辱他，一日当朝，太宗盘根寻底地追问玄素出身，使玄素面部变色，出阁门时几乎连路都不能走了。[2]谏议大夫褚遂良就上疏谏诤，疏中提到：

> 大唐创历，任官以才，卜祝庸保，量能使用。[3]

褚遂良以为唐任官以才，不计门户，这也有些事实根据，不过唐初并没有创立一种系统化的新用人制度。太宗虽然也破格用人，如马周、张行成之超擢，但也只是超出常规以外的殊宠。太宗对于士族似乎没有明朗的一贯的看法。

李唐皇室源出于关陇集团，同时在此集团里又是八大柱国之一，居着最高的地位。《周书》是令狐德棻等人在唐贞观时奉诏修的，他们为李唐皇室捧场，说：

> 当时荣盛，莫与为比。故今之称门阀者，咸推八柱国家。[4]

所以唐初皇帝对自己家世颇有骄傲的感觉。高祖即对其妻家窦威说：

---

[1] 太宗时，东宫庶子甚被重视，多名臣任之。

[2] 《通鉴》卷一九五唐太宗纪贞观十四年："玄素少为刑部令史。上尝对朝臣问之曰：'卿在隋何官？'对曰：'县尉。'又问：'未为尉时何官？'对曰：'流外。'又问：'何曹？'玄素耻之，出阁殆不能步，色如死灰。"

[3] 《旧唐书》卷七五《张玄素传》。

[4] 《周书》卷一六《赵贵等传》传末。

> 昔周朝有八柱国之贵，吾与公家咸登此职。

又说：

> 比见关东人崔卢为婚，犹自矜伐，公世为帝戚，不亦贵乎？[1]

武德三年，高祖对裴寂也说过类似的话：

> 我李氏昔在陇西，富有龟玉，降及祖祢，姻娅帝王，及举义兵，四海云集，才涉数月，升为天子。至如前代皇王，多起微贱，勋劳行阵，下不聊生。公复世胄名家，历职清要，岂若萧何、曹参起自刀笔吏也。惟我与公，千载之后，无愧前修矣。[2]

就政治地位来说，关陇集团的贵门从北周以后，杨李两家都是统一朝代的君主。其他各家族亦多分据将相之要职，自然占着上风，高祖自言其家世及其人臣的家世之"贵"，自不待言。但是，就社会地位来说，那就有大大的不同。在门阀制度下，社会地位是以婚媾为标准的，那时看重的是"清"，是"文化的传统"。关陇集团的贵门，包括李唐皇室在内，都不具备这个条件。他们的祖先都是没有文化的胡人或胡化的汉人，

---

[1] 《唐会要》卷三六《氏族》。

[2] 《唐会要》卷三六《氏族》。

从周到唐，短短的百年间，他们的文化还没有达到很高，以此，他们仍是不被文化显族所重视。这种情形直到唐末也未改变过来。例如文宗是唐晚年的皇帝，他颇想给他的太子永娶得山东望族郑覃家里的女子为妃，可是郑家不愿，文宗怒曰：

> 朕欲为太子婚娶，本求汝郑门衣冠子女为新妇。闻在外朝臣，皆不愿共朕作亲情，何也？朕是数百年衣冠，无何神尧打家罗诃去。[1]

郑覃不愿嫁女做太子妃，却反将孙女嫁给九品卫佐的崔皋，这就可以看出社会上对于"清"和"贵"的高下估价了。唐朝晚期，山东士族已是久经压抑，但犹高自标置至于如此，那么在唐初尚未全衰之时，其好自骄伐，就更可想而知。唐初的情形是：

> 见居三品以上，欲共衰代旧门为亲，纵多输钱帛，犹被偃仰。[2]

所以在这一方面，唐初皇帝便不免又有自卑心理。在"自以为贵"的自骄和"并不算清"的自卑两种矛盾心理冲突之下，太宗对于山东人着实没有好感。所以，贞观时对于山东士族是极为压抑的。

太宗命吏部尚书高士廉和御史大夫韦挺、中书侍郎岑文本、礼部侍郎令狐德棻等修撰《氏族志》。士廉等奉诏后，就：

---

[1]　《太平广记》卷一八四《氏族类》庄恪太子妃条，出《卢氏杂说》。
[2]　《旧唐书》卷六五《高士廉传》。

> 责天下谱谍，参考史传，检正真伪。进忠贤，退悖恶，先宗室，后外戚，退新门，进旧望，右膏粱，左寒畯。[1]

可是这"退新门，进旧望，右膏粱，左寒畯"的准则，却与太宗的原意大相不合。太宗看到山东望族崔民干的家系搁在第一等里面，就大发牢骚：

> 我与山东崔、卢、李、郑，旧既无嫌，为其世代衰微，全无官宦，犹自云士大夫。婚姻之际，则多索财物。或才识庸下，而偃仰自高，贩鬻松槚，依托富贵，我不解人间何为重之？

并申明修《氏族志》的原意是：

> 我今定氏族者，诚欲崇树今朝冠冕，何因崔民干犹为第一等，只看卿等不贵我官爵耶！不论数代已前，只取今日官品、人才作等级，宜一量定，用为永则。[2]

士廉等依此旨意，就以皇族为首，外戚居次，把崔民干降到第三等。到

---

[1] 《新唐书》卷九五《高俭传》。

[2] 《贞观政要》卷七《论礼乐》。

贞观十二年，《氏族志》才撰完，共有二百九十三姓，一千六百五十一家。[1]

这件史实，常为史家引为太宗立意摧抑士族的例证。可是这种看法，恐怕多少有疏误。我们认为这件事可注意之点有三：

一、太宗既命令修《氏族志》，无疑就是承认士族制度，并且从"用为永则"一语看，更足以证明，他还要让士族门阀继续下去。

二、从太宗语意看，并没有否认士族的痕迹，太宗所攻击的对象主要是山东士族的崔、卢、李、郑而已。又，《新唐书》卷九五《高俭传》中载太宗又说：

> 齐据河北，梁、陈在江南，虽有人物，偏方下国，无可贵者，故以崔、卢、王、谢为重。

其实，自北魏亡后，齐、梁、陈、周所成者为鼎足之势，而无论就幅员、就财富、就人力讲，周皆不如其他二者，可是太宗数说前朝偏僻小国，却独独不提周。这不是由于史官为了行文便利而削，而是由于太宗本来就作如是观。盖隋承北周，唐复承隋，李唐皇室又预于关陇集团之轴心，故太宗于数典之际，绝无骂祖之理。由此看来，太宗重修《氏族志》之命，乃是为了提升西魏、北周人物之社会地位。

三、太宗说明修《氏族志》的用意是"诚欲崇树今朝冠冕"，其方法是"不论数代已前，只取今日官品、人才作等级"。按此标准，则魏征、戴胄等人以小族而居要职，也可以提到很高的地位，并且他们的地位一

---

[1] 《通鉴》卷一九五唐太宗纪贞观十二年正月。

经"量定",还要"用为永则",可见太宗是有意要树立一个新的族阀。这个族阀乃是以皇家外戚即以前的关陇贵族的主要家族主其轴心,而以"凡在朝士"之各种来源复杂的家族环其外围,让它慢慢成为坚强而巩固的团体。

南北朝以来,士族所看重的有两方面,一曰婚,一曰宦。太宗修订《氏族志》,其用意偏重于后一点。同时,对于前一点,他也很看重。在贞观十六年六月,下了一道禁卖婚的诏书,令"其自今年元月禁卖婚"[1]:

> 氏族之盛,实系于冠冕,婚姻之道,莫先于仁义。自有魏失御,齐氏云亡,市朝既迁,风俗陵替。燕、赵右姓,多失衣冠之绪,齐、韩旧俗,或乖德义之风。名虽著于州闾,身未免于贫贱。自号膏粱之胄,不敦匹敌之仪。问名惟在于窃赀,结缡必归于富室。乃有新官之辈,丰财之家,慕其祖宗,竞结婚媾,多纳货贿,有如贩鬻。或贬其家门,受屈辱于姻娅;或矜其旧族,行无礼于舅姑。积习成俗,迄今未已,既紊人伦,实亏名教。朕夙夜兢惕,忧勤政道,往代蠹害,咸已惩革,惟此敝风,未能尽变。自今已后,明加告示,使识嫁娶之序,各合典礼,知朕意焉。[2]

这诏书内容实含有限制新贵、富室与山东右姓通婚之意。"氏族之

---

[1] 《唐会要》卷八三《嫁娶》

[2] 《唐会要》卷八三《嫁娶》。

盛"既"系于冠冕",而君主操有用人大柄,则欲使山东士族全无冠盖,并非不可能。可是假如达官富人尽愿与山东士族通婚,则山东士族仍可故望不减。那么太宗所采取的压抑山东士族的政策,也将失去效力。所以,这道禁卖婚诏也就具有很深刻的意义。

禁卖婚诏只能给山东士族以打击,其效用是消极方面的。李唐皇室的"王妃、主婿皆取当世勋贵名臣家,未尝尚山东旧族"[1],则是以之使皇室与大臣间的联系加强,其对于树立新族阀政策的作用,乃是积极的。王妃不易详考,兹据《唐会要》卷六《公主门》和《新唐书》卷八三《诸帝公主传》所载主婿姓名,略为考察唐初皇族通婚情形。

高祖十九女：

长沙公主下嫁冯少师。《元和姓纂》卷一京兆冯氏：少师,唐驸马,鸿胪卿,青州刺史,陕东道行台右仆射。

少师上似有夺文。世系错讹,已不可校。[2] 然上文载其同族自冯业以下至绍正世系,则与张说《冯昭泰神道碑》合。[3] 据碑,昭泰高祖名谦,"以寇恂之才,翊戴周武",官至大将军、随州刺史。

襄阳公主下嫁窦诞。窦诞是高祖窦皇后族子。[4] 其世系如下[5]：

---

[1]　《新唐书》卷九五《高俭传》。

[2]　岑仲勉：《元和姓纂四校记》卷一少师唐驸马条。

[3]　《张说之文集》卷二五。

[4]　《旧唐书》卷六一《窦威传附从兄子抗传》。

[5]　据《新唐书》卷七一下《宰相世系表》窦氏表。

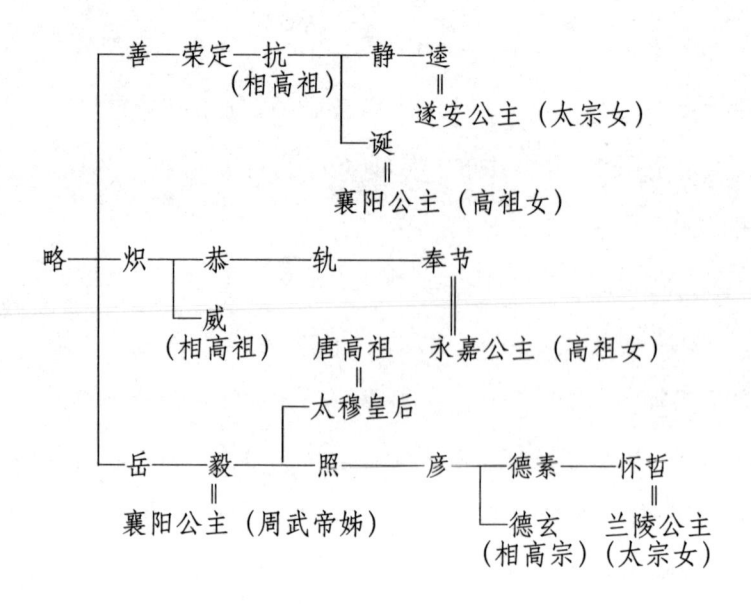

```
         ┌─善─荣定─抗──────┬─静─逮
         │        (相高祖) │      ‖
         │                │      遂安公主（太宗女）
         │                │
         │                └─诞
         │                   ‖
         │                   襄阳公主（高祖女）
         │
略──┬─炽─┬─恭────轨──────奉节
    │    │                  ‖
    │    └─威               永嘉公主（高祖女）
    │    (相高祖)  唐高祖
    │              ‖
    │              太穆皇后
    │
    └─岳─毅────照────彦───┬─德素──怀哲
         ‖                │
         襄阳公主（周武帝姊）└─德玄      兰陵公主
                          (相高宗)   （太宗女）
```

平阳公主下嫁柴绍。柴绍，晋州临汾人。祖名烈，是北周的骠骑大将军。[1]

高密公主下嫁长孙孝政，又嫁段纶。《元和姓纂》卷七长孙氏下有雅正，当即其人[2]，是太宗长孙皇后的同族，其世系如下[3]：

---

[1] 《旧唐书》卷五八《柴绍传》。

[2] 《元和姓纂四校记》卷七生雅正驸马条。

[3] 据《元和姓纂》卷七长孙氏。

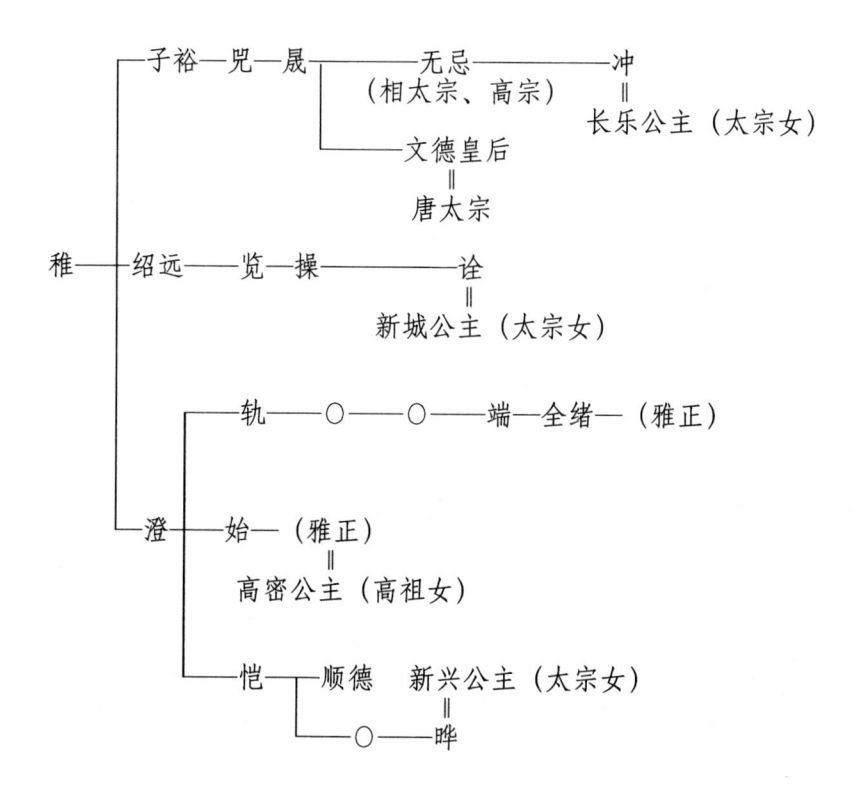

```
                ┌子裕─兕─晟┬──────无忌──────────冲
                │          │    （相太宗、高宗）    ‖
                │          │                      长乐公主（太宗女）
                │          └──文德皇后
                │                ‖
                │              唐太宗
稚─┬─绍远──览─操──────诠
   │                          ‖
   │                      新城公主（太宗女）
   │
   │     ┌─轨──○──○──端─全绪─（雅正）
   │     │
   └─澄──┼─始─（雅正）
         │    ‖
         │  高密公主（高祖女）
         │
         └─恺─┬顺德  新兴公主（太宗女）
              │              ‖
              └──○──────晔
```

段纶，北海期原人，祖名威，北周时历任洮、河、甘、渭四州刺史。父文振，隋兵部尚书。[1]

长广公主，始封桂阳，下嫁赵慈景，更嫁杨师道。赵慈景，天水西县人。父怀讷，隋广州刺史、总管。族父㬎，西魏时"周太祖引为相府参军事"。[2] 杨师道，出自观王房，其家自北周历隋至唐，皆极贵盛。[3]

---

[1] 《隋书》卷六〇《段文振传》。

[2] 《元和姓纂》卷七天水西县赵氏；《隋书》卷四六《赵㬎传》。

[3] 《新唐书》卷七一下《宰相世系表》杨氏观王房表；《旧唐书》卷六二《杨恭仁传附少弟师通传》。

长沙公主，始封万春，下嫁豆卢怀让。怀让先祖为西魏、北周勋臣。祖通，娶隋文帝妹昌乐长公主。父宽，隋末为梁泉令，与郡守萧瑀率豪右赴京师归附李唐。[1]

房陵公主，始封永嘉，下嫁窦奉节，又嫁贺兰僧伽。窦奉节是高祖窦皇后族子，见前。僧伽家世无考。贺兰为北魏勋臣八姓之一，西魏十二大将军有贺兰祥。永徽五年建《万年宫铭》碑阴题名见"兼左卫将军附马都尉上柱国检校右卫将军通化县开国男臣贺兰僧伽"。[2] 此胡姓武将很可能出自北周系统。

九江公主下嫁执失思力。执失思力是突厥酋长，"贞观中，护送隋萧后入朝，授左领军将军"。后尚公主。[3]

庐陵公主下嫁乔师望。乔师望，同州冯翎人。其子知之入《旧唐书·文苑传》，然其先世无考。据说同州乔氏是自桥勤"从孝武入关，居同州"以后，才定居在那里的。[4]

南昌公主下嫁苏勖。武功苏氏是关中郡姓，勖曾祖绰，祖威，周、隋名臣。[5]

安平公主下嫁杨思敬。杨思敬是师道兄缜之子。

---

[1]《北史》卷六八《豆卢宁传》；《旧唐书》卷九〇《豆卢钦望传》。

[2]《金石萃编》卷五〇。

[3]《新唐书》卷一一〇《执失思力传》。

[4]《旧唐书》卷一九〇中《文苑传乔知之传》；《新唐书》卷七五下《宰相世系表》乔氏表。

[5]《新唐书》卷七四上《宰相世系表》苏氏表；《周书》卷二三《苏绰传》；《隋书》卷四一《苏威传》。

淮南公主下嫁封道言。渤海封氏虽为山东著姓，然其父德彝却是高祖、太宗的宰相。[1]

真定公主下嫁崔恭礼。恭礼出自山东第一流高门博陵崔氏第二房，其曾祖士谦当周、齐分裂时，在北周任荆州总管，爵武康郡公，实际上已与关陇集团结合。[2]

衡阳公主下嫁阿史那社尔。阿史那社尔是突厥处罗可汗的儿子。贞观"九年，率众内属，拜左骁卫大将军"。岁余尚主[3]。

丹阳公主下嫁薛万彻。万彻祖回，仕北周官至泾州刺史。父世雄，大业末卒于涿郡留守。武德初，万彻与兄万均随罗艺归附唐朝，为唐名将。史载世雄"本河东汾阴人"，河东薛氏为关中郡姓。又载万彻的籍贯为雍州咸阳，系从敦煌迁来。这样，他的出身是否河东薛氏是颇可怀疑的，但却是勋贵之家。[4]

临海公主下嫁裴律师。裴律师出自河东裴氏西眷房。曾祖融，仕北周官至司木大夫。父寂，唐朝功臣，高祖、太宗的宰相。[5]

馆陶公主下嫁崔宣庆。崔宣庆无考。

安定公主，始封千金，下嫁温挺，又嫁郑敬玄。温挺，太原祁人，为山东士族中的小族，而非华显高门。伯父大雅，李渊晋阳起兵，"引

---

[1] 《旧唐书》卷六三《封伦传》。

[2] 《新唐书》卷七二下《宰相世系表》崔氏表博陵第二房；《周书》卷三五《崔谦传》。

[3] 《旧唐书》卷一〇九《阿史那社尔传》。

[4] 《旧唐书》卷六九《薛万彻传》；《隋书》卷六五《薛世雄传》。

[5] 《新唐书》卷七一上《宰相世系表》裴氏西眷房表；《旧唐书》卷五七《裴寂传》。

为大将军府记室参军"。贞观年间，大雅任礼部尚书，挺父彦博为宰相。[1]郑敬玄不可考。

常乐公主下嫁赵瑰。赵瑰家系出自南方，是南朝寒族。父绰，武德中以战功至右领军卫将军。[2]

太宗二十一女：

襄城公主下嫁萧锐，更嫁姜简。萧锐出自后梁皇室。父瑀，相高祖、太宗。母独孤氏，是高祖生母的族孙。其姑则为隋炀帝皇后。[3]因为后梁本是北周的附庸，所以其皇室与关陇集团核心家族有如此密切的关系。姜简，秦州上邽人，是功臣姜谟的孙子。父行本，官至左屯卫将军，陪葬昭陵。曾祖景，北周时曾任梁州总管。[4]

汝南公主早薨。

南平公主下嫁王敬直，更嫁刘玄意。王敬直是太宗朝名相王珪的儿子，其家出自南朝，珪祖王僧辩为南朝名将。[5]刘玄意是元从功臣刘政会的儿子。其家出自北齐，政会祖环隽曾任北齐中书侍郎。[6]

遂安公主下嫁窦逵，又嫁王大礼。窦逵是高祖窦皇后族孙，见前。王大礼无考。

---

[1]　《旧唐书》卷六一《温大雅传》。

[2]　《元和姓纂》卷七下邠赵氏；《旧唐书》卷五一《后妃传中宗和思皇后赵氏传》。

[3]　《旧唐书》卷六三《萧瑀传》。

[4]　《旧唐书》卷五九《姜谟传》。

[5]　《旧唐书》卷七〇《王珪传》。

[6]　《旧唐书》卷五八《刘政会传》。

长乐公主下嫁长孙冲。长孙冲是长孙无忌之子,太宗文德皇后之侄,见前。

豫章公主下嫁唐义识。唐义识父唐俭,是高祖晋阳起兵的元谋功臣,又是太宗为秦王时的天策府长史。其家出自北齐,俭祖邕仕北齐,官至尚书左仆射。[1]

北景公主,始封巴陵,下嫁柴令武。柴令武是柴绍的儿子,柴绍见前。

普安公主下嫁史仁表。史仁表本姓阿史那。父大奈,西突厥特勤,大业七年随处罗可汗入隋,事炀帝。后为有唐功臣,"高祖兴太原,大奈提其众来麾下"。[2]

东阳公主下嫁高履行。高履行是宰相高士廉的儿子。隋时,士廉已嫁妹于长孙晟,生子无忌及女,女即太宗文德皇后。以此,其家虽是北齐皇室之裔,但因婚媾关系,早已牵入关陇集团之中。[3]

临川公主下嫁周道务。周道务,汝南安成人。高祖灵起,曾祖灵,仕南朝历显职。父绍范,武德初"越自远方,归于京城"。道务曾"以功臣子养宫中"。[4]

清河公主下嫁程处亮。程处亮是功臣程知节的儿子。[5]

---

[1] 《新唐书》卷七四下《宰相世系表》唐氏表,《旧唐书》卷五八《唐俭传》。

[2] 《新唐书》卷一一〇《史大奈传》;《元和姓纂》卷六河南史氏。

[3] 《旧唐书》卷六五《高士廉传》;《北齐书》卷一三《清河王岳传》。

[4] 《隋书》卷六五《周法尚传》;《文馆词林》卷四五三褚亮《周孝范碑铭》;《新唐书》卷七四下《宰相世系表》永安周氏表。

[5] 《旧唐书》卷六八《程知节传》。《新唐书》卷八三《诸帝公主传》作程怀亮,今从旧传。

兰陵公主下嫁窦怀悊。窦怀悊是高祖窦皇后族孙[1]，见前。

晋安公主下嫁韦思安，又嫁杨仁辂。韦思安出京兆杜陵韦氏大雍州房，系关中郡姓。曾祖义远，北周时官雍州刺史。[2]杨仁辂无考。

安康公主下嫁独孤谌。独孤谌高祖独孤信是西魏八大柱国之一，其长女为周明帝皇后，四女为李昞妻，生唐高祖，七女为隋文帝皇后。祖机，隋末官司隶大夫，与从兄武都谋召唐兵入洛，为王世充所杀[3]。

新兴公主下嫁长孙曦（晔）。长孙晔是太宗长孙皇后同族，与无忌兄弟行[4]，见前。

城阳公主下嫁杜荷，又嫁薛瓘。杜荷出自关中郡姓京兆杜陵杜氏，自周隋以来，世有冠冕。父如晦，是秦王府亲信幕僚，太宗朝的名相。[5]薛瓘出自河东薛氏西祖房，亦关中郡姓。父怀昱，官饶州刺史。[6]

合浦公主，始封高阳，下嫁房遗爱。房遗爱出自山东士族清河房氏，而其父玄龄却是秦王府亲信幕僚，太宗朝的名相。[7]

金山公主早薨。

晋阳公主早薨。

---

[1]《金石萃编》卷五二《兰陵公主碑》。

[2]《元和姓纂》卷二京兆杜陵韦氏。

[3]《古今姓氏书辩证》卷三五独孤氏；《通鉴》卷一八七唐高祖纪武德二年正月。

[4]《元和姓纂四校记》卷七顺德侄晔驸马黄州刺史条。

[5]《旧唐书》卷六六《杜如晦传》。

[6]《新唐书》卷七三下《宰相世系表》薛氏西祖房表。

[7]《旧唐书》卷六六《房玄龄传》；《金石萃编》卷四三《房彦谦碑》。

常山公主早薨。

新城公主下嫁长孙诠，更嫁韦正矩。长孙诠出太宗长孙皇后家，与无忌兄弟行，见前。韦正矩出自关中郡姓京兆杜陵韦氏彭城公房，曾祖鸿胄，北周时官至仪同三司本州大都督。[1]

从考察的结果看，没有例外，全部出自勋贵名臣家。其中主要是关陇集团家族，名臣之家只占了一部分，而没有一个是山东旧族。执失思力、阿史那社尔、史仁表等降附的突厥酋长，在崇尚冠冕贵戚的关陇集团心目中，被认作勋贵自不待言。封言道、崔恭礼、温挺、高履行、房遗爱等虽出自山东士族，但他们同时兼有或是名臣之后，或是贵戚，或者早就是关陇集团成员的身份。

由于李唐皇室家世之"贵"而不"清"，唐初诸帝对山东士族仍抱歧视的态度。由于传统士族观念之不能摆脱，唐太宗乃有树立新族阀的政策。若将孝文帝所施行之氏族政策与太宗之树立新族阀政策比较，就可发现其相似之处：

一、二者皆欲凭借政治地位以提高其社会地位。

二、二者皆修《氏族志》，将本身隶属之集团的地位加以提高。

三、二者皆用通婚之政策，以巩固本身所隶属之集团。

然二者也有相异之处。孝文帝出自胡族，其政策是借提高胡族的文化来提高胡族之社会地位，所以他的政策是要与汉人中的士族获取合作态度。唐初诸帝本身的集团已有地位，他的目的在打击山东士族，所以和高门是不合作的。

---

[1] 《新唐书》卷七四上《宰相世系表》韦氏彭城公房表。